AF361160

Ce catalogue **GEORG ETTL** est publié par
le **Fonds régional d'art contemporain Limousin**,

en coédition avec le **Centre International d'Art Mural**, Saint-Savin sur Gartempe,
et l'association **Studio**, Thouars.

GEORG **ETTL**

œuvres, projets, maquettes
1967-2000

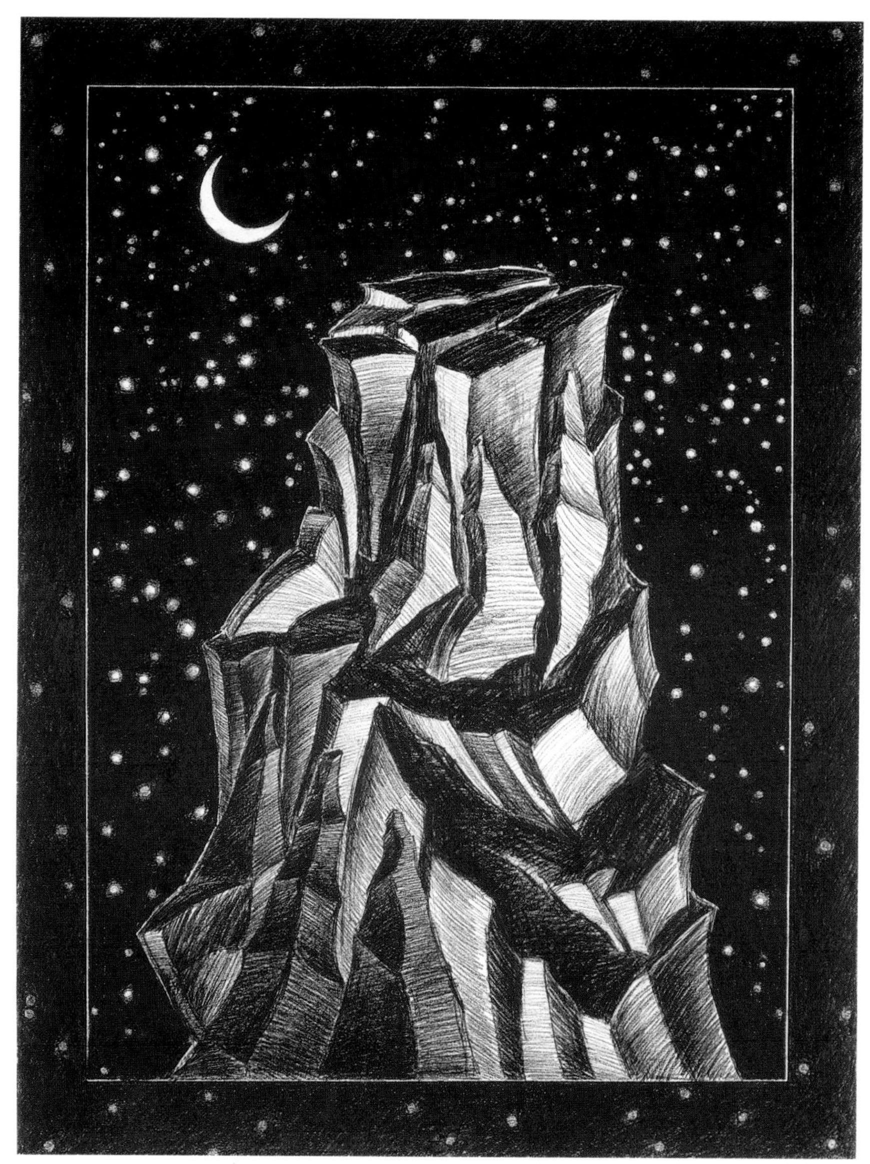

Nuit étoilée, 1973

GEORG ETTL
œuvres, projets, maquettes 1967-2000

SOMMAIRE / CONTENTS

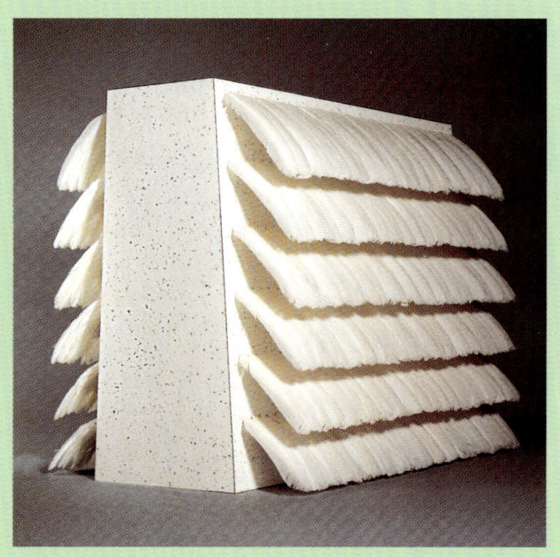

Objet en formica avec des plumes, 1973

Georg Ettl: s'occuper du monde visible.
par Yannick Miloux

Mensch nach Picasso, la sculpture que Georg Ettl réalisa aux États-Unis en 1985, c'est-à-dire plus de dix ans après être retourné vivre et travailler en Allemagne, à la demande d'un collectionneur privé, est une œuvre emblématique, charnière et complexe à plus d'un titre. D'abord, pour la traduire, on hésita entre l'homme au sens large, c'est à dire le genre humain, après ou d'après Picasso. En accord avec l'artiste qui manie très bien la langue française, nous avons choisi « L'Humain après Picasso » et avons décidé de nommer ainsi les expositions panoramiques (plutôt que rétrospectives) présentées successivement à Romans et à Limoges. Ensuite, pour la décrire : il s'agit de la réplique en métal d'un détail extrait d'un groupe néo-primitif de statues en bois, *Les Baigneurs,* réalisé par Picasso en 1956. Fabriqué aux USA en acier soudé et précisément recouvert de cuivre partiellement oxydé, cet élément est reproduit à l'échelle et rehaussé, littéralement « mis sur un piédestal »[1] sur un socle en marbre, gravé d'un titre doré : *Mensch nach Picasso.* Dans l'œuvre de Picasso, chaque personnage de l'ensemble sculpté est associé à un nom. Au centre, en premier plan, et de format nettement plus réduit que les autres, celui dupliqué par Ettl s'intitule *L'Enfant.* C'est la seconde et ultime fois que l'artiste recopie Picasso. Déjà, en 1979, dans une série d'aquarelles d'après reproductions issues de livres de zoologie, de cartes postales ou de posters mises en abîme sur un fond d'or, il réalisa la célèbre *Femme, d'après Picasso.* Mais il fit aussi, dans cette même série, allégeance au Caravage, à Dürer, à Robert Campin, puis, plus tard, à Giotto, à Mondrian, à l'art étrusque et byzantin parmi beaucoup d'autres copies et emprunts.

Comme le souligne Philippe Sers dans son texte extrêmement précis sur le *Combat des Rois* de Saint-Savin : « *Ettl a réussi à se libérer du poids de la tradition pour non pas l'écarter, mais l'assimiler, la digérer et toucher enfin aux questions existentielles qui l'agitent, trouver son langage propre afin de s'immiscer dans un espace furtif, par le seul travail formel, sans plus aucune pesanteur formaliste.* »

Cependant, certains détails de ces emprunts aux maîtres anciens ou modernes peuvent être légèrement «corrigés». Une correction discrète, respectueuse et toute en retenue. Ainsi, *L'Enfant* de Picasso est dupliqué en métal (pour durer ?), mis sur un socle et en même temps renommé, avec ostentation. Ettl agit avec insistance et renforce ainsi l'aspect critique de ce geste envers le devenir idolâtre de la sculpture de Picasso. Ailleurs, alors que tout le fond de l'image est doré, l'arrière-plan dans la courbe du bras de la *Tête de femme, d'après Picasso* reste descriptif, le *Mondrian* garde son organisation orthogonale mais change de couleur, devient gris, vert ; même la *Nature morte d'après Le Caravage* est légèrement simplifiée… pour «améliorer» la composition de l'image, selon les dires de l'artiste.

Est-ce sa double formation d'ingénieur et d'historien de l'art qui lui donna ce goût aussi prononcé pour le dessin technique, à la précision perfectionniste, pour la réalisation déléguée souvent à l'industrie, et en même temps pour une telle érudition iconographique ? Après les premières sculptures post-minimales [2] en plexiglass fumé, formica et plumes des années 60, en béton moulé, parfois avec aplats d'or du début des années 70, Ettl entreprend pendant près de deux ans une série successive de dessins à la recherche du profil idéal, de la silhouette générique, logotypique. Cette tête humaine, une fois satisfaisante aux yeux du dessinateur et du philosophe, sera déclinée sur de multiples supports : pierre, métal, bois polychrome, papier, tôle laquée, dessin et peinture au mur, jusqu'à servir de logo pour l'*Atelier Ettl* ces dernières années. De même, l'image du cheval, «bondissant» pour Ramon Tio Bellido, est un motif récurrent dans l'œuvre : examiné en détails dès la série des batiks (1980) selon le style égyptien, étrusque, byzantin, italien renaissant ou encore autrichien selon le goût du XVIIe siècle... puis repris sous la forme d'un projet de monument équestre, ou encore dans l'amphithéâtre, en 1980, puis sous une forme récente et majestueuse à Oiron (1990-1992).

« L'image de l'architecture », enfin, en ce qu'elle préoccupe l'artiste depuis le début de sa production (*Plastic city,* 1971) jusqu'aux trois projets fondateurs du *Hall d'administration*, de la *Piscine* et de l'*Amphithéâtre*, réalisés à Viersen entre 1980 et 1989, et qu'elle prend également de plus en plus de sens dans tous les travaux récents «intégrés» au bâti, dans la même logique de décoration que celle assumée par Fernand Léger ou Henri Matisse, si l'on suit le raisonnement de Philippe Piguet.

À partir du retour en Allemagne en 1974, et surtout de l'exposition au Musée de Mönchengladbach en 1977,une nouvelle économie de travail se met en place qui va progressivement prendre ses distances avec la «scène» de l'art pour s'accomplir dans l'espace public, architectural, urbain, monumental, mais aussi dans l'espace privé, la piscine, le jardin, et, depuis dix ans environ avec l'*Atelier Ettl,* dans l'espace domestique, avec le mobilier, le papier peint et autres ustensiles .

Postmoderne, néoclassique, appropriationniste [3] citationnel, ornemental, fonctionnel, proche du design voire domestique, l'art de Georg Ettl traverse les catégories stylistiques à l'ère de la reproductibilité généralisée pour mieux s'enraciner dans le temps, l'architecture et peut-être les esprits. La succession de ses chantiers tient autant de sa propre force de conviction que de sa capacité à s'adapter, à s'immiscer dans des espaces furtifs, pour reprendre l'expression de Philippe Sers.

Insidieusement, depuis le milieu des années soixante, l'artiste pose la question séminale du goût, et de l'autorité qui en découle. À cet égard,l'exposition temporaire du *Musée d'Égalité* (Musée de Krefeld, 1987) fut particulièrement éclairante.

Invité par Julian Heymen et Gerhardt Storck à concevoir une exposition anniversaire au Musée de Krefeld, l'artiste choisira de présenter côte-à-côte des œuvres d'art et des objets d'arts appliqués rigoureusement alignés sur la ligne d'horizon du rez-de-chaussée du musée. Anachronique, hétéroclite dans sa forme, dans sa nature-même, et bien sûr dans sa valeur, sans aucun autre ordre logique que le pur plaisir associatif de la succession visuelle, cette suite de tableaux et de vases, de miroirs et de reliefs, va de l'antiquité jusqu'aux années 60 et semble ininterrompue à la fois dans le temps et le style, c'est à dire l'espace de la forme. Aucun cartel ne vient «rassurer» le spectateur. Ni nom prestigieux, ni datation plus ou moins précise. L'anonymat au service du regard, en somme, du pur plaisir visuel à l'éducation de l'œil.

En 1997, dans le passionnant entretien qu'il accorda à Jean-Claude Lasserre autour des relations de son travail avec l'architecture, Georg Ettl insiste : « *Ce qui me semble essentiel, c'est que les artistes interviennent de nouveau dans la vie quotidienne, et qu'ils posent des exigences d'ordre esthétique. Il est plus important aujourd'hui de s'occuper du monde visible... Une société qui court seulement après l'argent me semble être une société dont l'esprit s'obscurcit de plus en plus. C'est contre cela que je m'insurge, et je suis convaincu que la mission de l'art se situe dans ce domaine...* » [4]

C'est ce qu'il met en pratique dans toutes ses réalisations. Le récent papier peint *Babylon* édité par l'*Atelier Ettl* en 1998 en est un formidable exemple, à l'instar des vitraux de Romans, des peintures murales de Neuss et de Viersen, et des dessins d'Oiron, de Thouars et de Saint-Savin sur Gartempe. Détail du chantier monumental de décoration de l'église de Neuss, et édité à l'occasion de l'exposition au Château d'Angers, tout près de la fameuse *Tapisserie de l'Apocalypse,* début XVIIe siècle, cette «tapisserie» d'aujourd'hui, par son dessin très doux sur un fond neutre et légèrement granuleux, est très proche du papier peint standard, même par son prix, et est considérée par l'artiste comme l'équivalent d'un *monument individuel.* Chacun peut vivre avec, chez soi, sans trop la remarquer.

Sa présence discrète peut cependant pleinement se révéler lorsqu'un œil attentif voudra bien s'y pencher,de près, pour observer les détails et la composition de cette version presque «joyeuse» de l'*Apocalypse,* remarquablement dessinée par l'artiste.

Pour la (re)naissance d'un spectateur [5] dont le monde visible intime est enfin pris en compte... ?

Yannick Miloux

1. Le groupe originel des *Baigneurs* de Picasso est présenté à même le sol de la Staatsgalerie de Stuttgart où il est conservé et où il fit forte impression à Georg Ettl quelques années plus tôt.
2. Du nom de la seconde génération d'art minimal américain apparue au début des années 70, parmi lesquels Jackie Windsor, Robert Grosvenor,...
3. Selon le terme utilisé par la critique américaine des années 80 qui qualifiait ainsi l'art d'Haïm Steinbach, Jeff Koons, Ashley Bickerton, Sherrie Levine, Mike Bidlo, etc. Voir à ce sujet, en langue française, les catalogues des expositions : *Le Spectaculaire*, Rennes : *Musée d'Application*/Presses Universitaires de Rennes, 1990 ; *L'Objet de l'exposition,* Paris : Centre National des Arts Plastiques, 1988 ; *Un art de la distinction,* Meymac : Abbaye Saint-André, 1990 ; *Œuvres originales,* Clisson : Frac des Pays de la Loire, 1991.
4. in *Georg Ettl, Entretiens,* Château d'Oiron et Bordeaux : éd. Script, 1997.
5. C'est la formule utilisée par l'artiste américaine Sherrie Levine en 1981 qui parodie le texte de Roland Barthes « La Mort de l'auteur » et dans laquelle de nombreux artistes se reconnurent à l'époque : Richard Prince, Allan Mc Collum, Louise Lawler et bien d'autres. cf. Sherrie Levine, «Five Comments» in *Blasted Allegories,* dir. Brian Wallis, New York : New Museum of Contemporary Art, 1987, p. 92. et Roland Barthes « La Mort de l'auteur », in *Essais critiques IV, Le Bruissement de la langue,* Paris : Seuil, 1984.

Vues d'exposition, Städtisches Museum Mönchengladbach, 1977

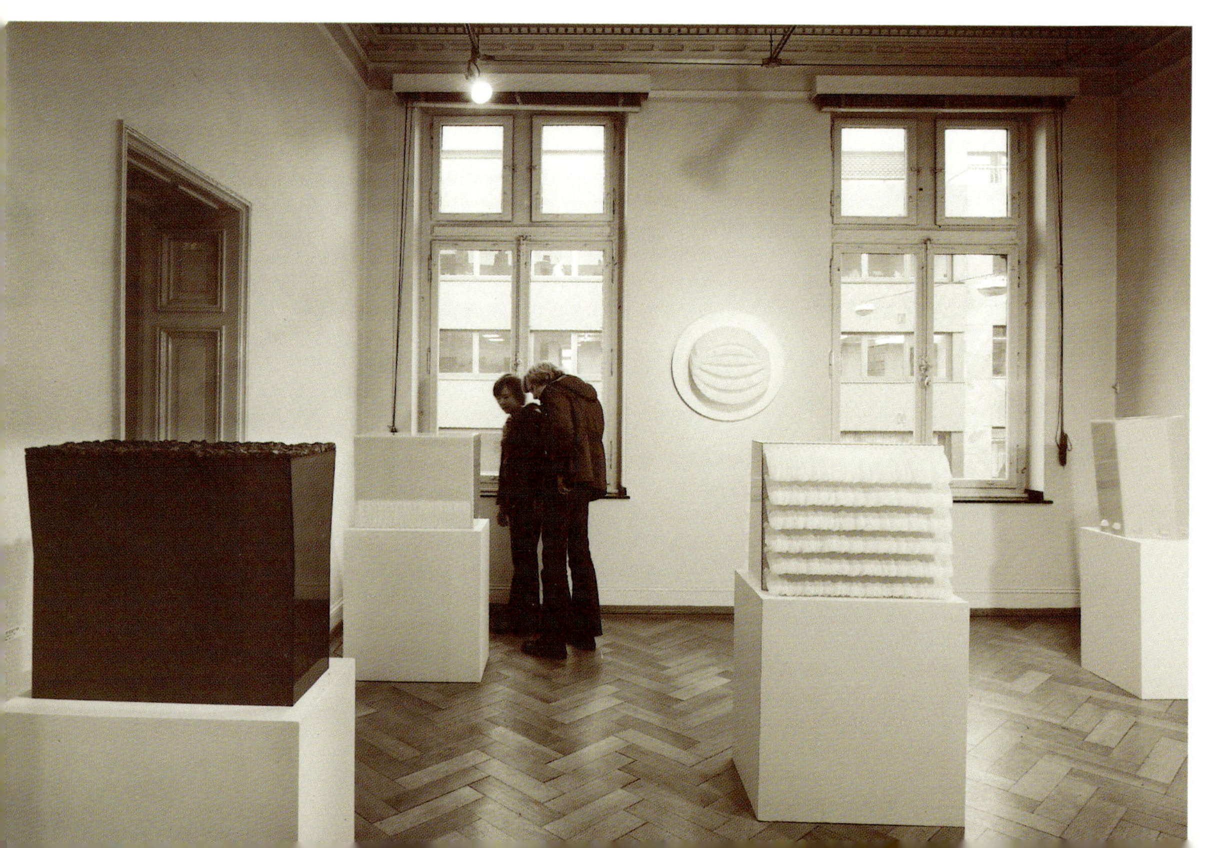

Caniche, 1976

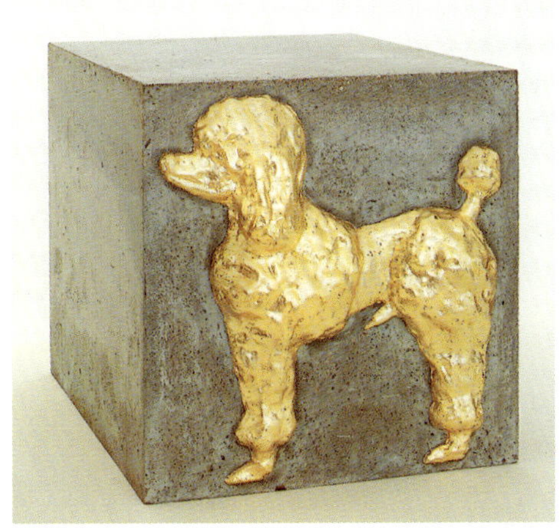

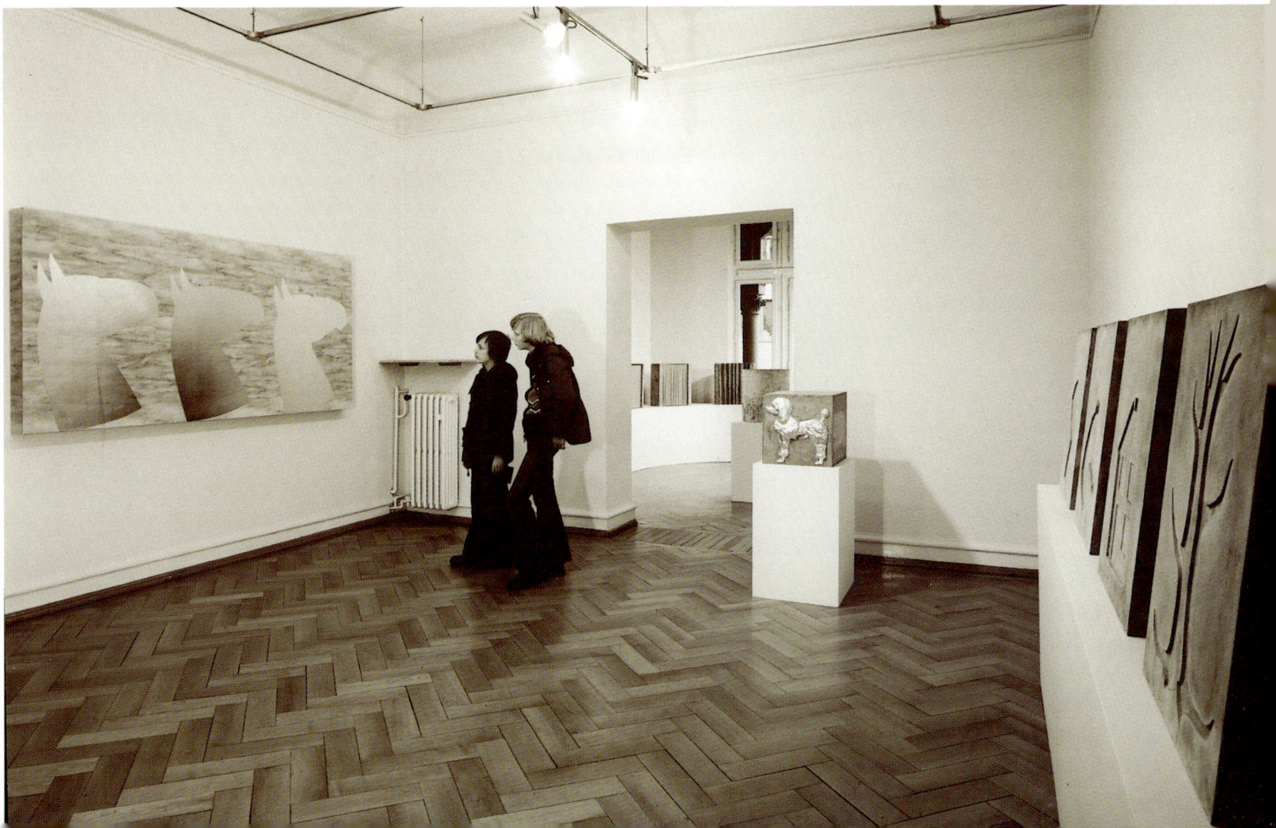

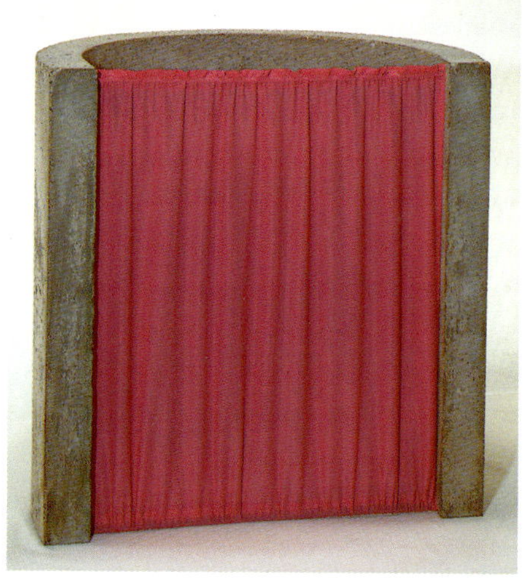

Sculpture avec rideau à plis, 1974

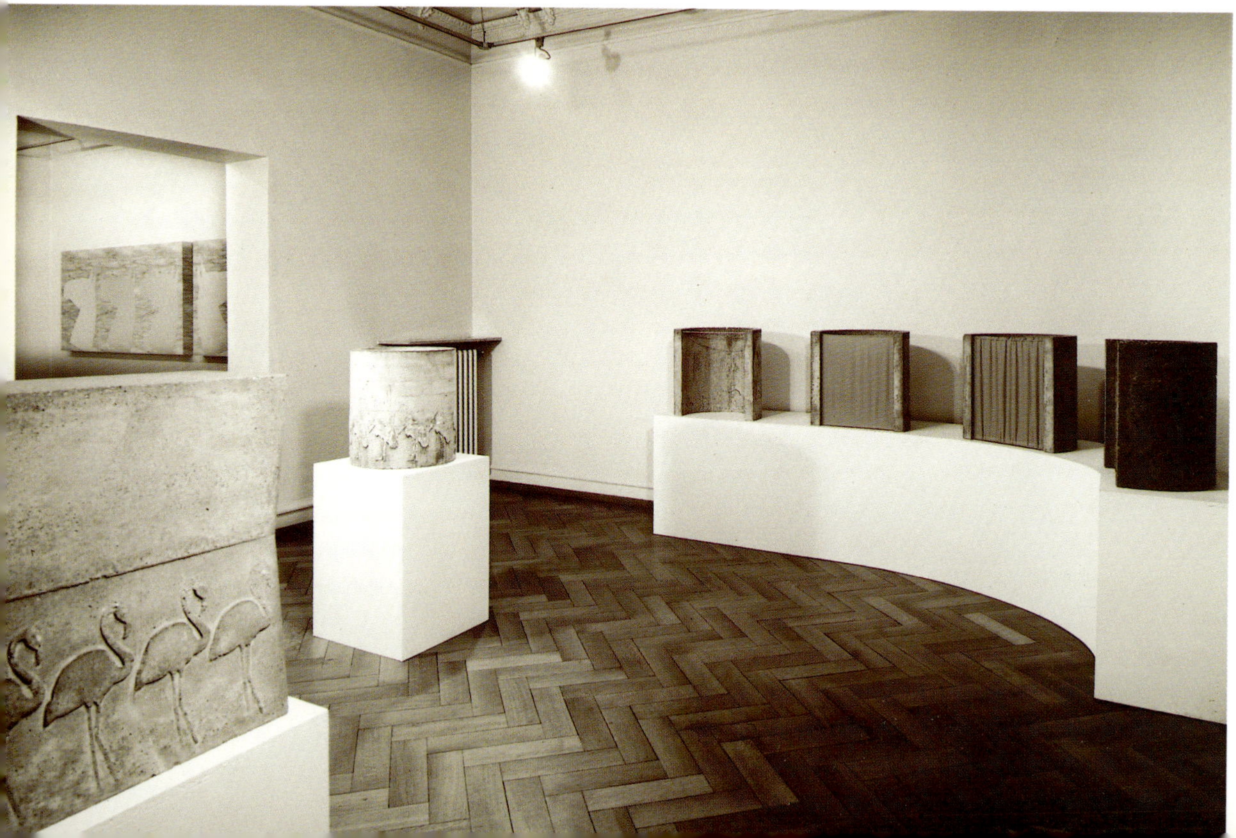

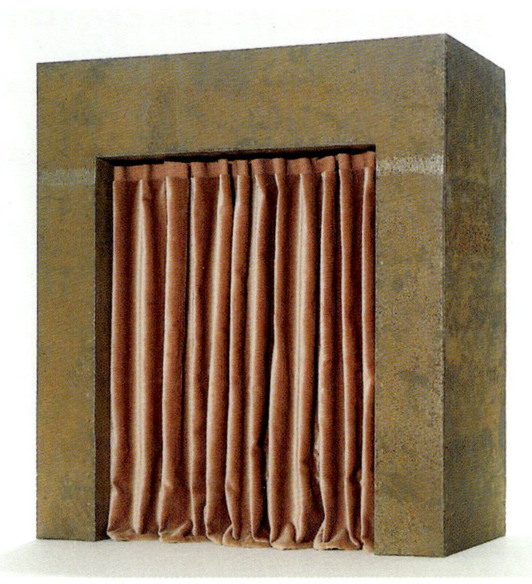

Objet avec rideau, 1974

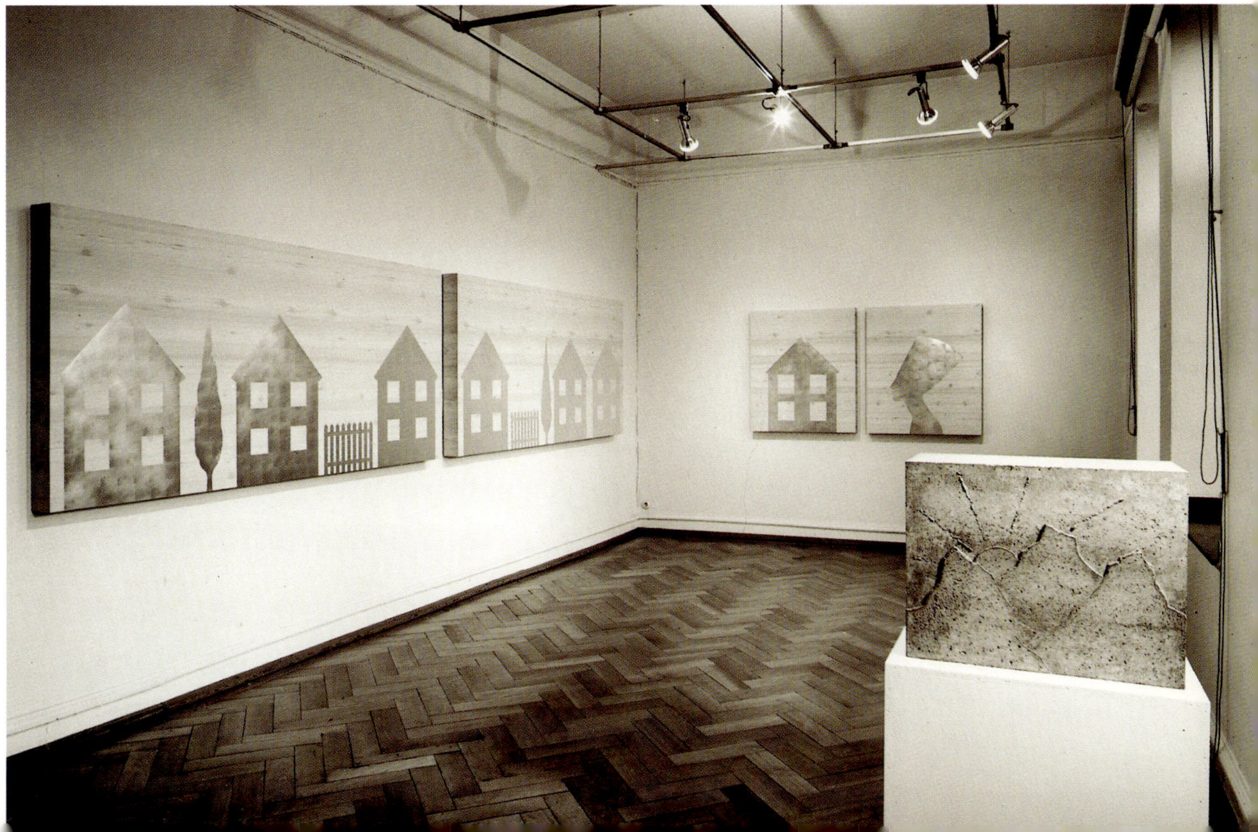

Georg Ettl: Addressing the Visible World.

by Yannick Miloux

Mensch nach Picasso is a characteristic, significant and complex sculpture made for a private collector in the States in 1985, ten years after Georg Ettl had returned to live in Germany. Its ambiguous title in German and English (Man After Picasso) was interpreted in French by the artist as *"L'Humain après Picasso"* therefore stressing its chronological sense and was adopted as the title for the present panoramic (rather than retrospective) exhibitions at Romans and Limoges.
The work itself is a metal imitation of a detail taken from Picasso's group of wooden neo-primitive sculptures, *Les Baigneurs* (1956). Made from soldered steel in the USA and carefully covered with a layer of partially oxidised copper, the sculpture reproduces its model to scale and is literally "placed on a pedestal"[1], in this case a marble block with the title *Mensch nach Picasso* carved in gold letters upon its side. Every figure in the Picasso original has a name and the one Ettl chose to reproduce, situated at the front of the group and smaller than all the others, is known as *"Child"*. Ettl's only other quotation of a work by Picasso was made in 1979 in a series of watercolours based on pictures from zoology manuals, postcards and posters set against a gold background. However on that occasion his *Woman After Picasso* was just one among several homages to other artists including Caravaggio, Dürer, Robert Campin and elsewhere for example, to Giotto and Mondrian as well as quotes and borrowings from Etruscan and Byzantine art.

Philippe Sers, in his insightful article on the *Combat des Rois* [Battle of the Kings] mural at Saint-Savin sur Gartempe Church, underlines how Georg Ettl freed himself from the shackles of tradition not by rejecting the past but by assimilating and absorbing it, coming to terms with its existential questions before finding a personal language he could use to deal with it and therefore through his formal work claim a discrete area within which to continue creating without any further formal constraints.
Nevertheless, he is not shy of "correcting" certain aspects of the pieces copied from ancient or modern masters, always adding his own discrete modifications with a light hand. Picasso's *Child* for instance is reproduced in metal (longer lasting ?), placed on a stand and ostentatiously rebaptised. This heavy emphasis adds weight to his criticism of the trend towards idolising Picasso's sculptures. Elsewhere, in *Woman's Head after Picasso* for example, the uniform gold background is replaced along the curving shape of one arm to reveal a descriptive scene behind the subject or in *Mondrian*, we recognise the artist's rectangular shapes but they are coloured grey and green. Even in *Still Life After Caravaggio*, the painting is slightly simplified... to "improve" the composition, in Georg Ettl's opinion.

Ettl's obviously educated eye coupled with a predilection for perfect precision, his works being frequently produced industrially, may perhaps reflect his training as an engineer as well as an art historian.

Following his first post-minimal [2] sculptures in smoked plexiglass, Formica and feathers in the 60s, then those in the 70s he made out of concrete sometimes decorated with gold, Ettl spent a period of two years trying to find the perfect profile, a logo-like emblematic silhouette of the human head.
Once the philosopher and artist in him satisfied, Georg Ettl began using this symbol in a variety of materials; stone, metal, painted wood, paper, enamel panels, in wall drawings and paintings and over the past few years as a label for his *Atelier Ettl* works.

Similarly, as Ramon Tio Bellido points out, another recurring element in Ettl's work is the "leaping" horsehead motif, occurring as early as a batik series of 1980, treated in Egyptian, Etruscan, Byzantine, Early Renaissance or 17th century Austrian styles... then used again in a project for an equestrian statue, decoration in Amphitheater (1980) and more recently in the majestic fresco work at Oiron castle (1990-92).
"Architectural representation" is another element that has run through Ettl's work since its beginning (Plastic City, 1971), present in the three founding projects carried out between 1980 and 1989 for the administrative hall, swimming pool and amphitheatre at Viersen, and highly relevant to an increasing number of projects created for architectural spaces, proof according to Philippe Piguet that Ettl approaches decoration in the same spirit as Fernand Léger or Henri Matisse.

After returning to Germany in 1974 and particularly after his exhibition at Mönchen-Gladbach Museum in 1977, Georg Ettl's work has gradually moved away from the "art scene" to embrace new areas; public spaces such as architectural volumes, the urban enronnment, public monuments, private spaces such as swimming pool and gardens plus domestic spaces where over the last ten years under the collective denomination *Atelier Ettl*, he has produced furniture, wallpaper and other household items.

In an era marked by reproducibility, Ettl steps blithely from one style to another, from postmodern, neo-classical, appropriationist [3], to plagiarist, ornamental and functional styles, never far from pure design, even design of household goods, all this the better to fix his work in time, in architecture and to a certain extent in people's minds. The number of projects he has accomplished over the years testifies as much to his own sense of conviction as to his ability to adapt and merge into, as Philippe Sers puts it, "discrete areas" of art.
Ever since the mid-60s, Georg Ettl has been insidiously undermining the seminal issue of taste and who its arbiters might be. His *Musée d'Egalité* exhibition held at Krefeld Museum in 1987 is particularly enlightening in this respect.

Invited by Julian Heyman and Gerhardt Storck to organise the museum's anniversary exhibition, Ettl chose to display works of art and decorative art objects all rigorously at the same height and side by side, on the museum's ground floor.

Totally anachronistic and heterogenous in form, substance and of course value, the collection of exhibits was arranged in no order other than that dictated by the artist's associations and unadulterated visual pleasure. Dating from antiquity to the 60s, paintings, vases, mirrors and relief sculptures stretched before visitors in one undifferentiated temporal and stylistic body... without the reassuring presence of any notices on exhibits. No famous names were given, nor even approximate dates. This anonymity encouraged spectators to use their eyes, appreciate rely on purely visual visual jugement and learn to look.

In a fascinating interview with Jean-Claude Lasserre in 1997, Georg Ettl on the subject of architecture and its relationship with his work, declared "I think it is essential artists intervene once more in everyday life and that they impose the aesthetic order of the day. It is most important we look after the visible world today... A society solely occupied in the pursuit of money is gradually doomed to lose its intellectual capacities. This is what I am struggling against and where I believe art can play its role..." [4]

His work is the physical translation of this mission.

Babylon, a wallpaper printed by *Atelier Ettl* in 1998 illustrates this perfectly, together with stained glass windows made for Romans church, mural paintings at Neuss and Viersen, drawings at Oiron, Thouars and Saint-Savin sur Gartempe. The wallpaper design was originally a small part of a vast decorative suite made for Neuss church and printed separately on the occasion of an exhibition at Angers castle which houses the famous 13th century Apocalypse Tapestry. Ettl's modern day "tapestry" with its understated design on a neutral and slightly textured background is not unlike standard wallpaper, including pricewise. The artists considers it to be a personal monument, to be lived with, in the comfort of one's home without necessarily paying it much attention to it.

However when examined closely, the discrete wallpaper design suddenly reveals itself as an exquisitely drawn "joyful" version of the Apocalypse Tapestry... Perhaps to bring about "the birth of a viewer "[5] whose private visual world is addressed at last.

Yannick Miloux
Translated by Jonathan Bass

1. Several years previously, Ettl had been greatly impressed by the original Picasso sculpture *Les Baigneurs,* exhibited without a stand directly on the floor of the Stuttgart Staatsgalerie.
2. Term generally used to describe the second generation of American minimalists in the 70s, including such artists as Jackie Windsor, Robert Grosvenor...
3. Term coined by American critics to describe the 80s movement of artists who appropriated images, e.g. Haïm Steinbach, Jeff Koons, Ashley Bickerton, Sherrie Levine, Mike Bidlo etc. See in french language, exhibitions catalogues : *Le Spectaculaire*, Rennes : *Musée d'Application*/Presses Universitaires de Rennes, 1990 ; *L'Objet de l'exposition*, Paris : Centre National des Arts Plastiques, 1988 ; *Un art de la distinction*, Meymac : Abbaye Saint-André, 1990 ; *Œuvres originales*, Clisson : Frac des Pays de la Loire, 1991.
4. In *Georg Ettl. Entretiens*, published by Script, Bordeaux/Château d'Oiron, 1997.
5. "The birth of the viewer must be at the cost of the painter". Phrase used by Sherrie Levine in 1981, deliberately misquoting concluding remarks in *The Death of the Author...* ("The birth of the reader must be at the cost of the death of the author") by Roland Barthes, then very popular with many American artists e.g. Richard Prince, Allan Mc Collum, Louise Lawler etc. Levine's original statement was first published in the magazine Style, Vancouver, March 1982 and was used in the catalogue of "Mannerism; a theory of culture" an exhibition at Vancouver Art Gallery in 1982. Cf; *Blasted Allegories,* dir. Brian Wallis (New York, New Museum of Contemporary Art, 1987), p. 92.

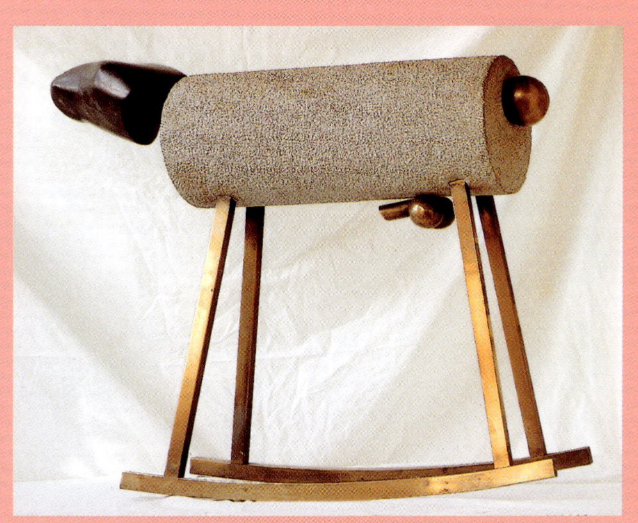

Cheval à bascule, 1967

Amphitheater Viersen. 1980

Assemblage sculptural en extérieur à Viersen (Allemagne).
Béton. Environ 40 m de circonférence.

Open air sculpture at Viersen (Germany).
Concrete. Circumference approximately 40 m.

Amphitheater ["Amphithéâtre"], première réalisation en extérieur de l'artiste, est située sur le terrain d'un collège et régulièrement utilisé par ce dernier pour des représentations.
À l'époque, Georg Ettl a déjà constitué, à travers son œuvre picturale et sculpturale l'essentiel de son répertoire formel. Il va naturellement y puiser les images quasi-emblématiques de la maison, du marabout et de la tête de cheval – qui est d'ailleurs plus celle d'un cheval de carnaval, s'arrêtant à la base du cou et légèrement relevée, que celle d'un vrai cheval.
Tels des bas-reliefs ou des sculptures antiques, ces motifs se retrouvent diversement moulés en creux et répétés – dans des plaques de béton ou sous forme de frise – ou bien moulés et juchés sur des colonnes.
Les figures animales, stoïques et observatrices sur les marches, se mettent à s'animer en une ronde joyeuse quand elles descendent sur scène.
Répartis intelligemment dans l'architecture existante, ces éléments s'y intègrent parfaitement. Ni tout-à-fait ruines, ni tout-à-fait décor, ils révèlent le lieu plus qu'ils ne l'habillent, consacrant sa fonction plutôt que sa mémoire.

Amphitheater, was the artist's first work in an outdoors site. It was built on school grounds and is now used regularly by the pupils for their school plays.
At the time of its construction, Georg Ettl had already developed a personal vocabulary expressed in previous graphic and sculptural works. Employed here are a range of virtually emblematic images symbolising house, marabout stork, horsehead – the latter being more wooden than real, a merry-go-round horsehead, cut off at its neck and raised at a stately angle.
The figures are repeated like bas-reliefs or antique sculptures, moulded in concrete slabs or placed in a frieze – or sometimes set as moulded sculptures on top of columns.
Relatively calm and composed within the amphitheatre seating area, animal figures close to the arena suddenly seem to spring to life.
All these diverse elements are perfectly integrated in their architectural environment, placed intelligently so as to enhance rather than clothe the space like remnants or decoration, thus celebrating the amphitheatre's function rather than its memory.

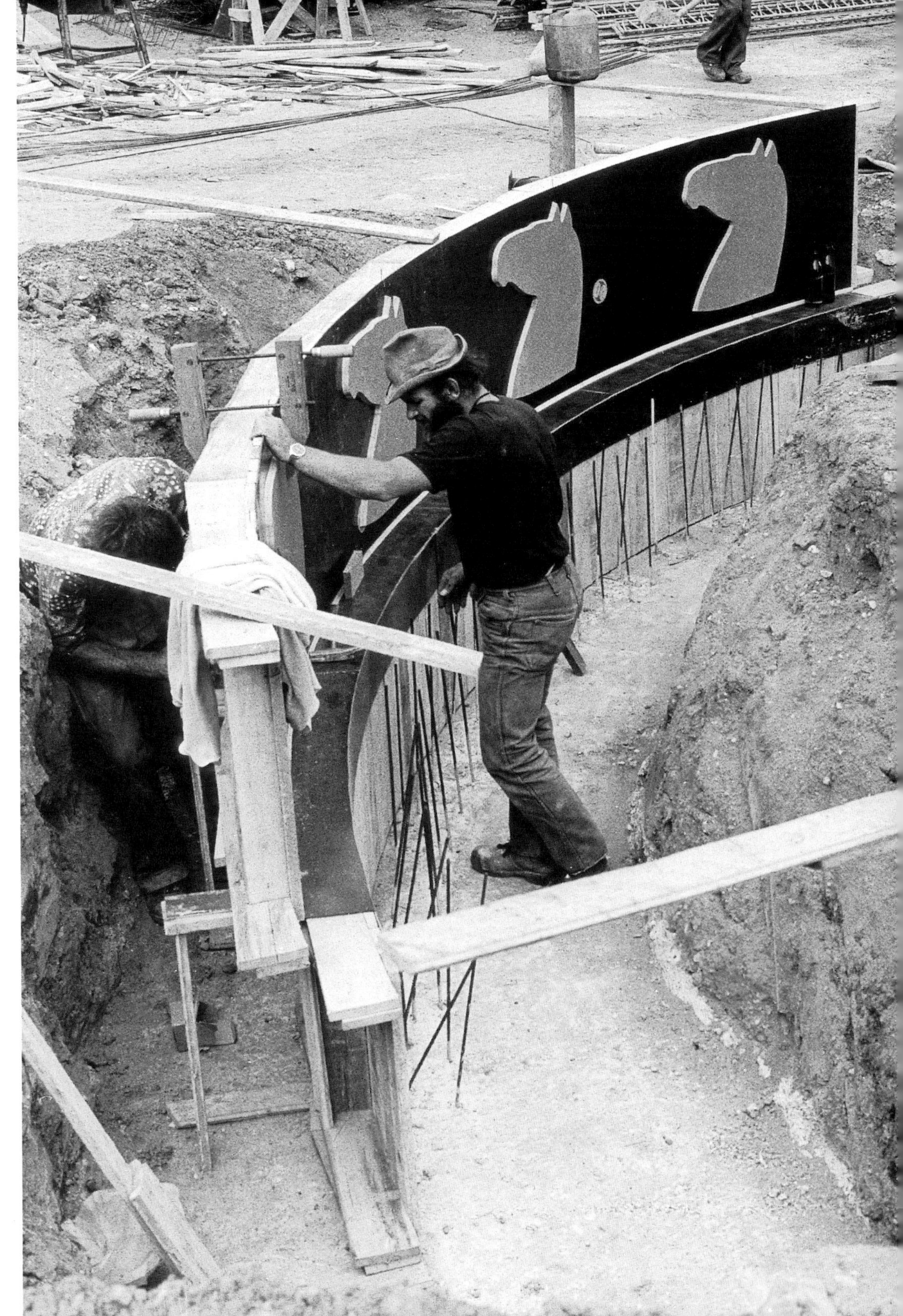

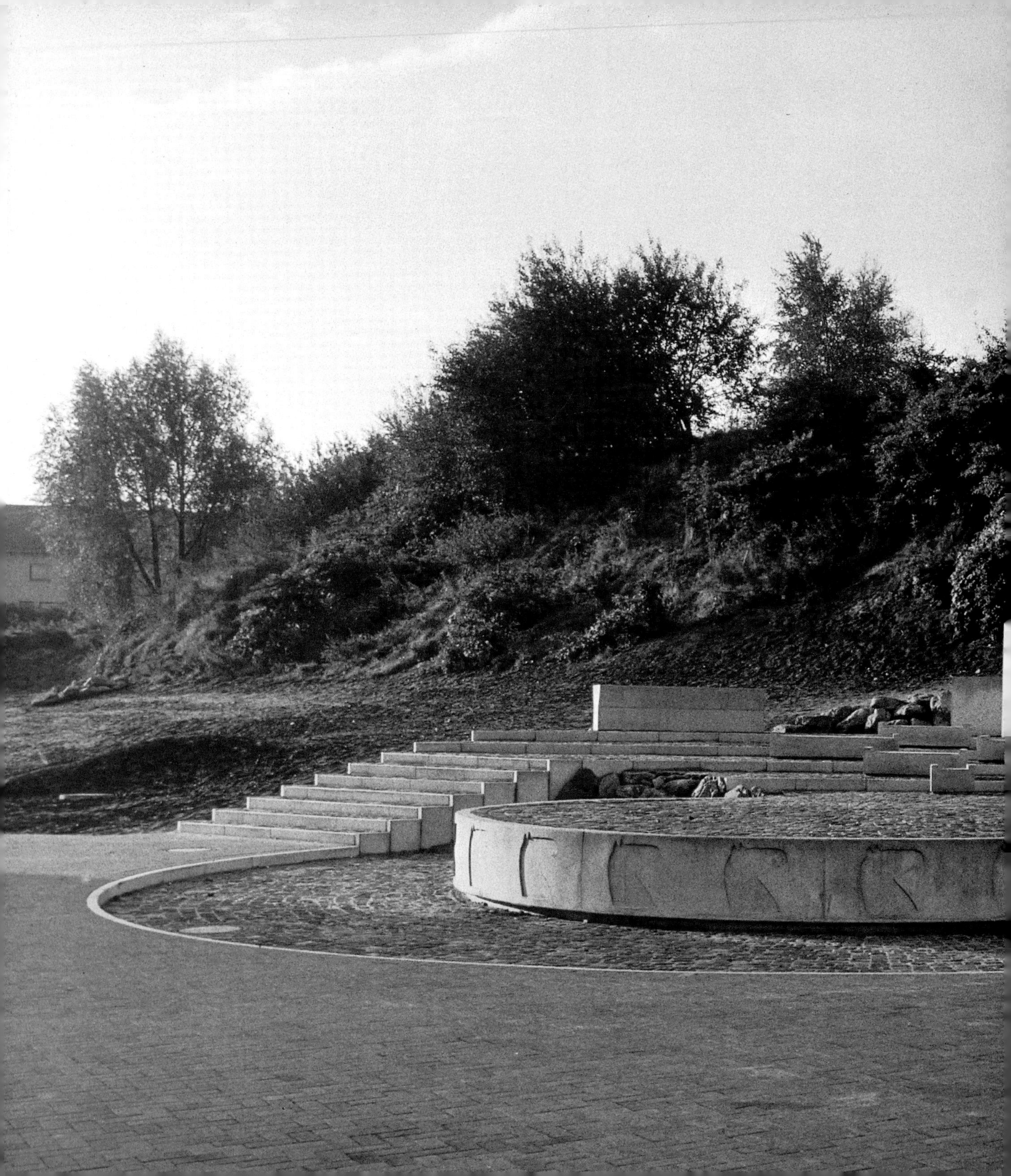

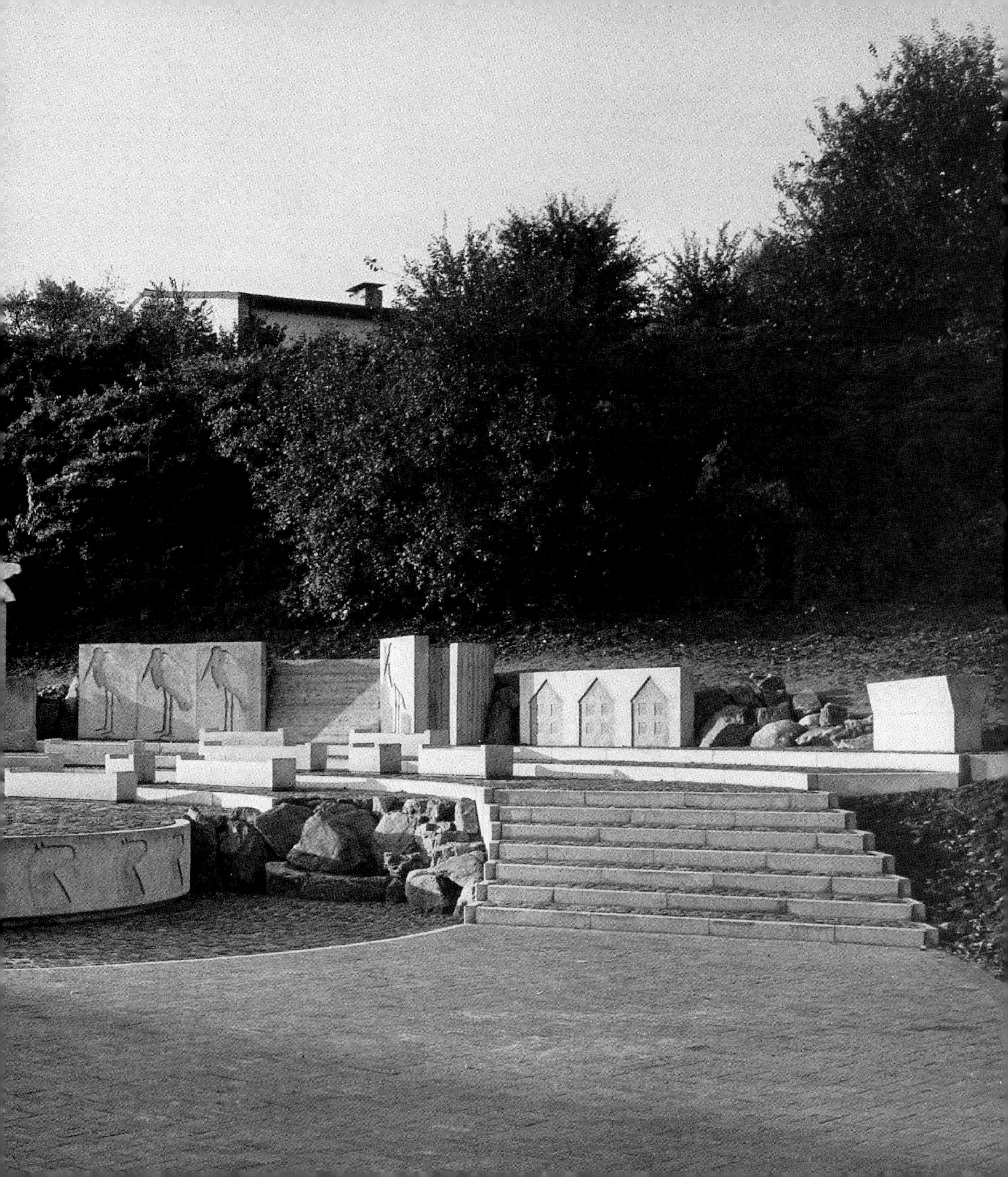

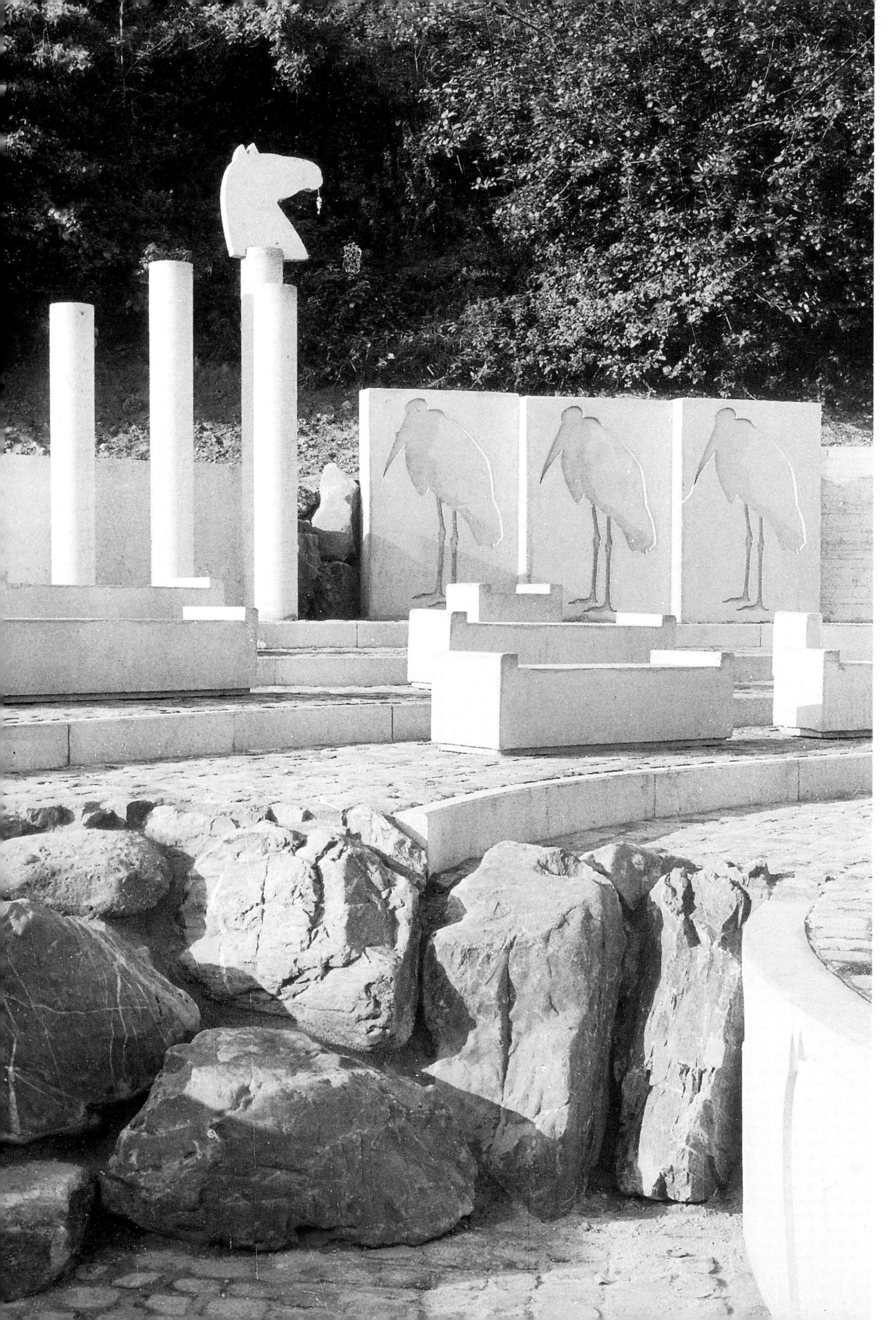

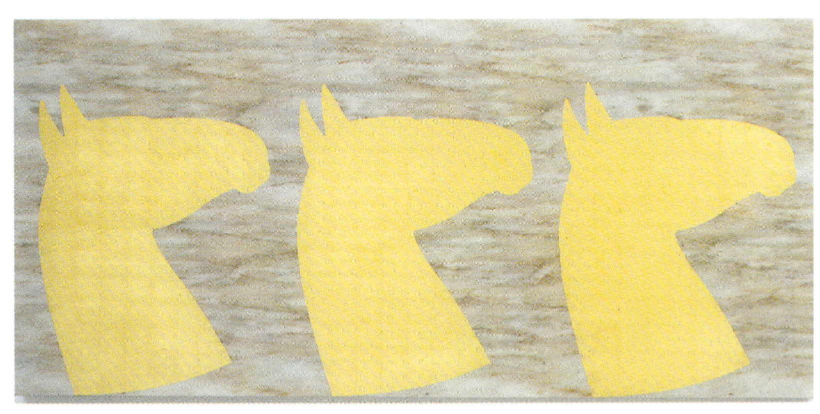

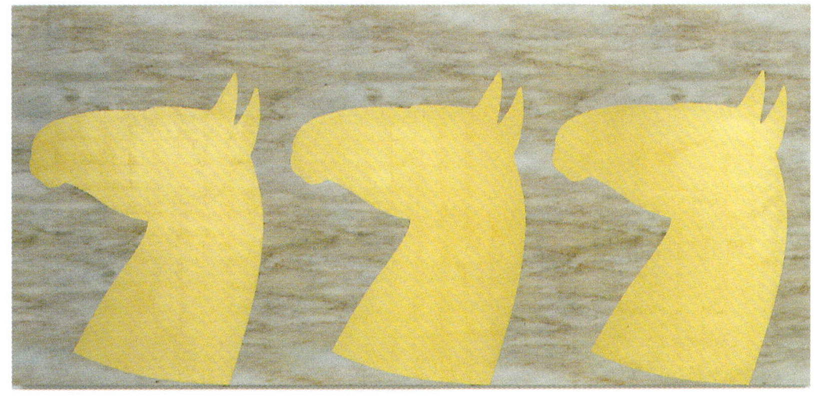

Diptyque avec six têtes de chevaux, 1977

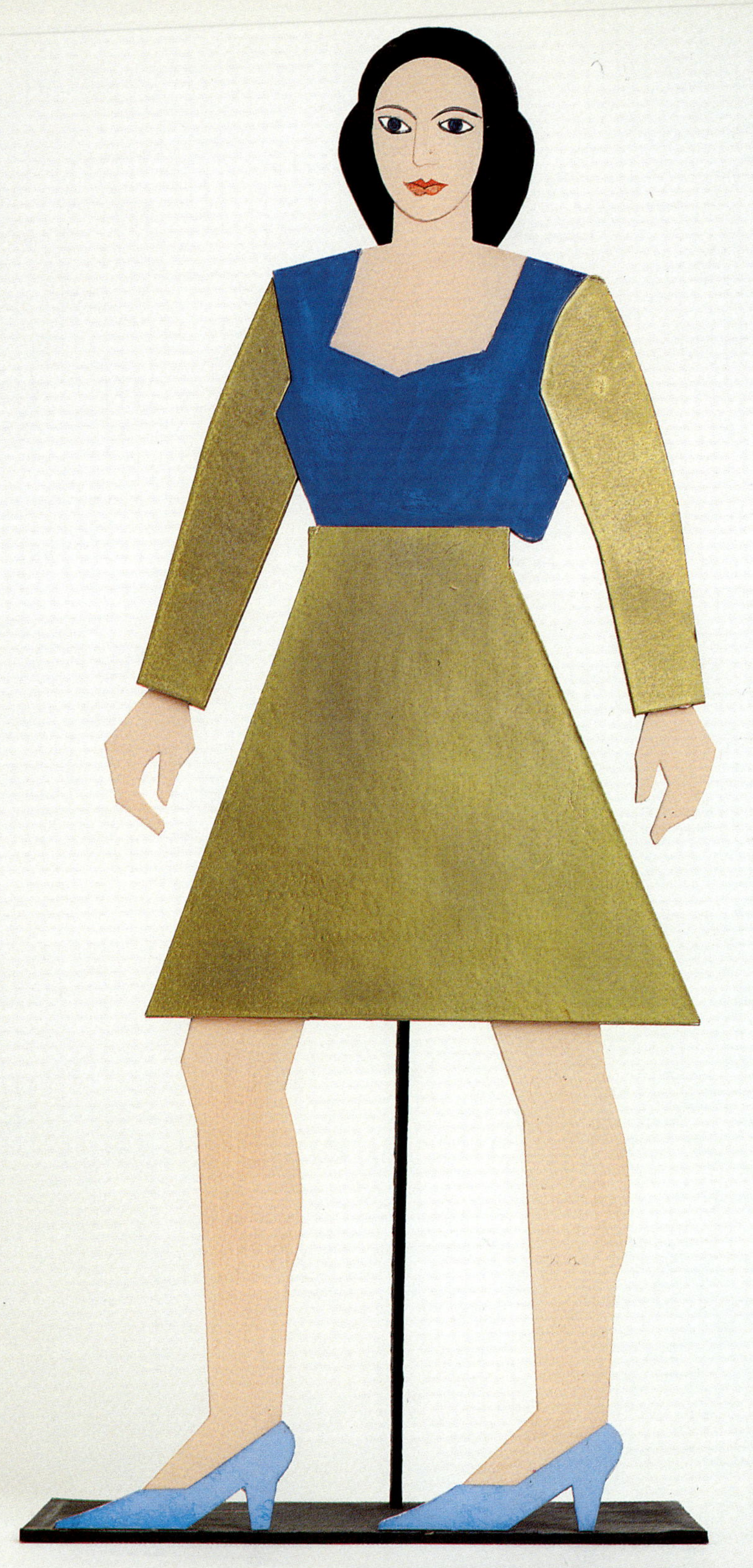

*Maquette pour une sculpture
monumentale,* 1983

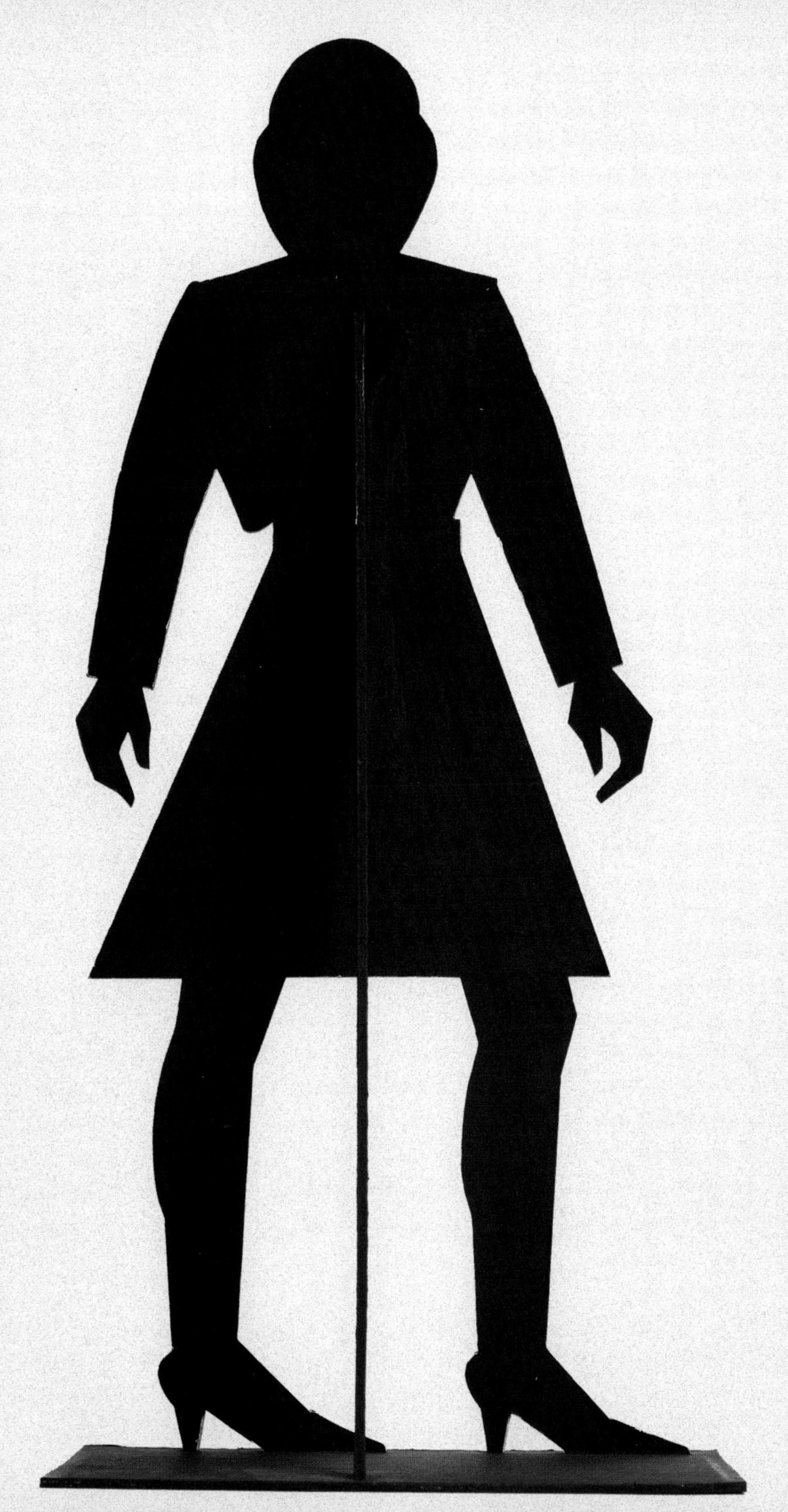

Façade de l'église Saint-Albertus, Krefeld, 1985

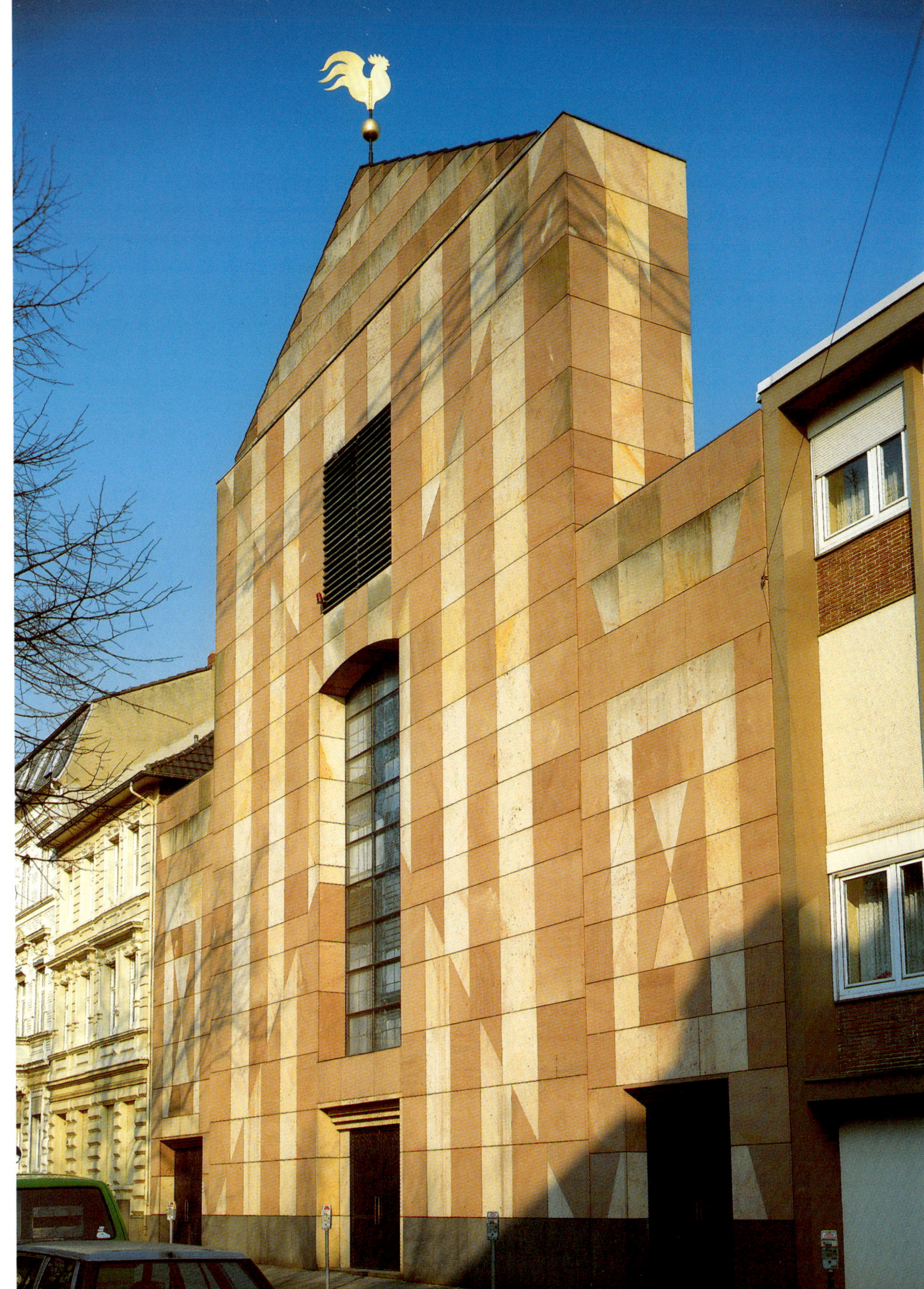

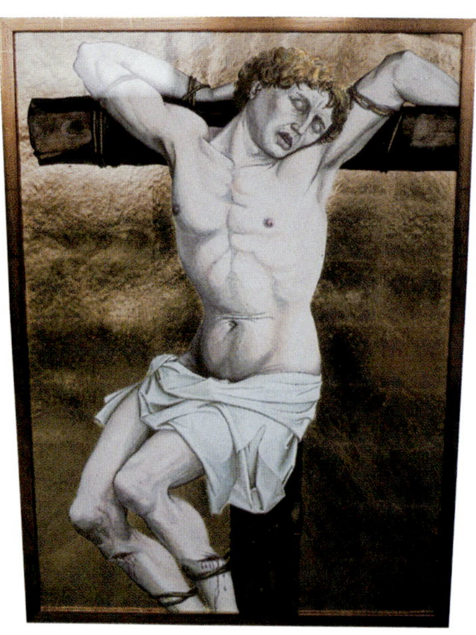

Larron (d'après Robert Campin), 1980

Vue d'atelier, 1988

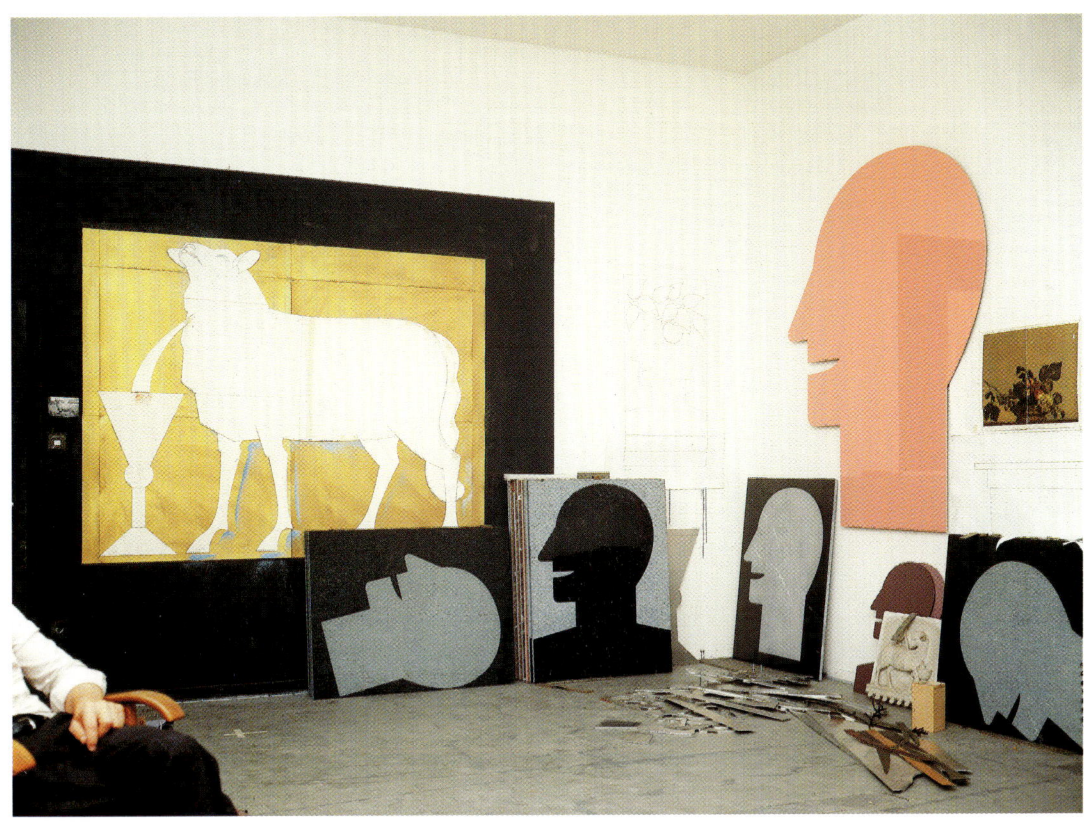

Musée d'égalité Krefeld. 1987

Exposition temporaire au Kaiser-Wilhelm-Museum à Krefeld (Allemagne)
avec les œuvres des réserves du musée.

Temporary exhibition held at the Kaiser-Wilhelm-Museum, Krefeld (Germany),
featuring works from the museum's reserve collection.

Convié par le conservateur du Kaiser-Wilhelm-Museum à aménager librement le
rez-de-chaussée du musée, Georg Ettl propose un accrochage singulier, à base
d'œuvres majoritairement sorties des réserves. L'exposition juxtapose en effet
des œuvres de toutes époques et statuts confondus, plaçant sur un pied
d'égalité des plâtres de Donatello, de faux Raphaël ou Rembrandt, de vrais
Manzoni ou Fontana, des vases antiques et des peintures de Warhol. Des
sculptures de l'artiste lui-même – têtes sablées sur plaques de marbre – y
seront pareillement présentées.
Mais, si l'exposition est bien annoncée comme signée de Georg Ettl, artiste
invité, aucune information supplémentaire ne sera volontairement livrée au
visiteur. A lui de s'y retrouver parmi les auteurs, dates, ou la nature originale
ou de reproduction des œuvres...
Pareil "brouillage de cartes", au-delà d'un questionnement sur nos capacités
de jugement effectives en dehors d'un savoir établi, fonctionnait aussi pour
l'artiste comme une invitation, à l'encontre du regardeur, à se construire sa
vision de l'histoire de l'art à travers sa propre perception, son goût.

Invited by the curator to freely organise the ground floor of the Kaiser-Wilhelm
museum, Georg Ettl produced an unusual show mostly based on exhibits from the
museum reserve collection. All styles and periods of works were shown together
on an equal footing, with Donatello plaster sculptures next to fake Raphaels or
Rembrandts, genuine works by Manzoni or Fontana cheek by jowl with antique
vases and paintings by Warhol. Ettl's own works - sand-blasted glass heads on
marble slabs - were also mixed with the rest of the collection.
However, apart from announcing Ettl as the exhibition's author and invited artist,
all other information was deliberately withheld unless specifically requested.
Spectators were left free to speculate on the names and dates of artists, on
whether works were genuine or copies...
Pulling the carpet out from under people's feet in this manner was not only a way
of questioning our ability to judge works without the benefit of established
knowledge but also an invitation for each spectator to create their own art history
based on personal criteria and taste.

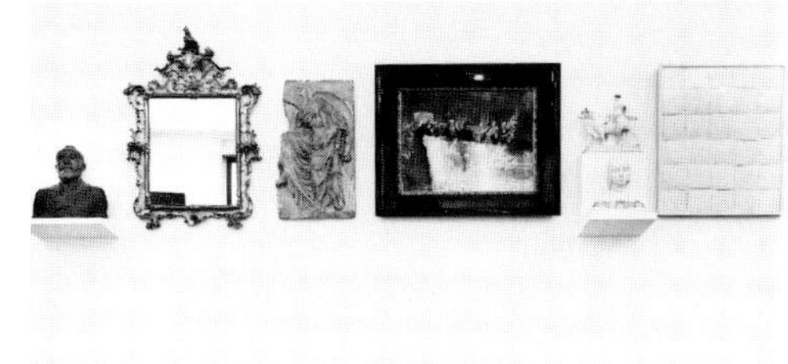

GEORG ETTL: MUSÉE D'ÉGALITÉ

recto du carton d'invitation et vue d'accrochage, Kaiser Wilhelm Museum, Krefeld (Allemagne), 1987

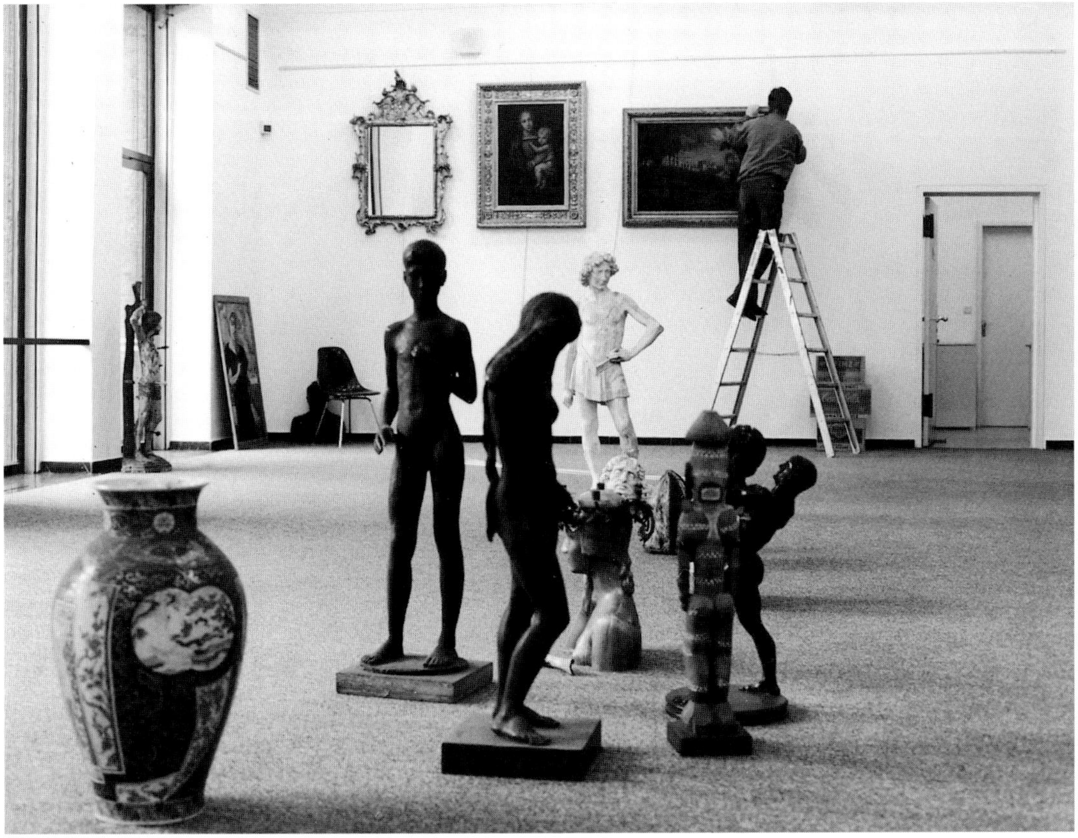

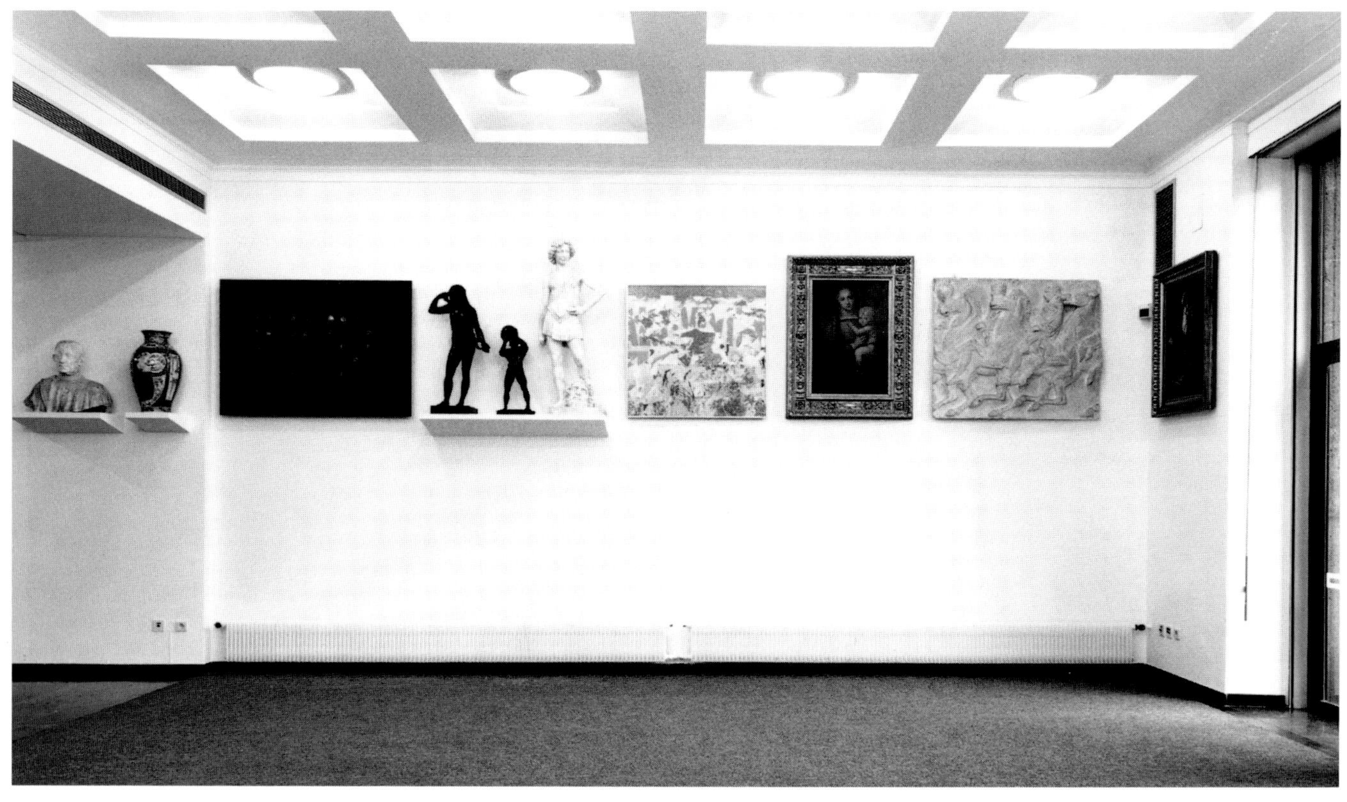

Musée d'Égalité, vue d'exposition, Kaiser Wilhelm Museum, Krefeld (Allemagne), 1987

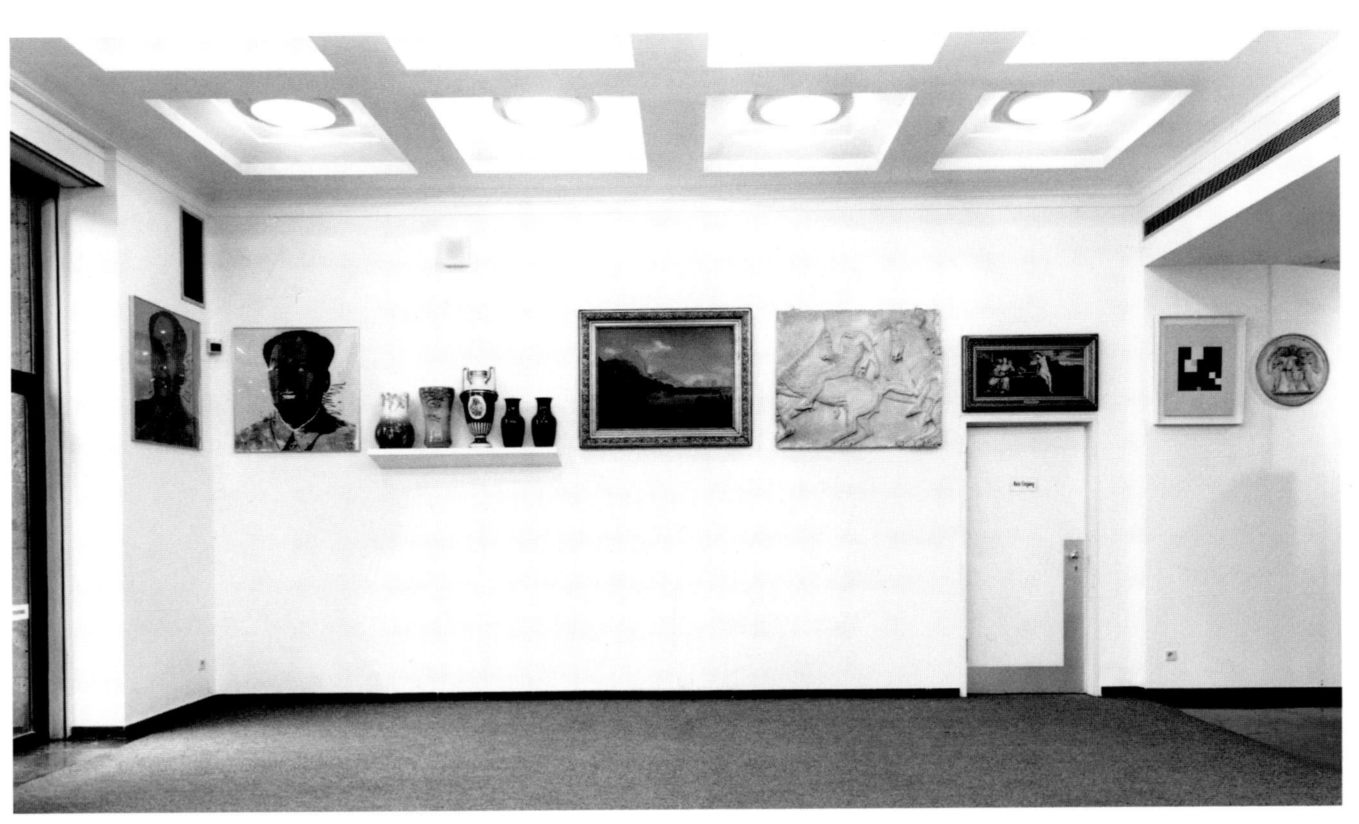

Die Halle Kreishaus. Viersen. 1982-1985

Première peinture murale de l'artiste, réalisée dans le hall d'entrée du Kreishaus, bâtiment administratif de Région, à Viersen (Allemagne). Peinture minérale. Hauteur : 3,5 m.

Georg Ettl's first mural, made for the entrance hall of the Kreishaus regional administration building in Viersen, Germany. Mineral pigments. Height: 3.5m.

Pour cette première commande publique, Georg Ettl va s'employer à alléger visuellement l'architecture de béton, opaque et pesante du hall d'entrée de l'administration.
S'inspirant de l'architecture telle qu'elle est représentée dans la peinture italienne de la Renaissance, l'artiste propose au regard une "leçon d'architecture".
Après avoir soustrait tout élément figuratif ou décoratif aux détails prélevés, Ettl va agrandir chaque motif à la même échelle et les fondre ensemble en un univers de tonalités pastels, recréant ainsi une "cité idéale", géométriquement fondée et cependant irréelle. Bien que résultant d'une concentration de citations directes de l'histoire de l'art, les peintures murales produisent un espace qui n'a, en effet, plus rien de commun avec les formes architecturales du XIVe et XVe siècle.
En contrepoint, chacune des colonnes sera peinte imitation marbre, pin, ou mosaïque, dans un éclectisme revendiqué de techniques et d'époques.
Intervention qui exacerbe subtilement l'idée de surenchère du phénomène illusionniste.

For his first public commission, Georg Ettl sought to relieve the overbearing architectural mass of this concrete-structured entrance hall. Referring back to Renaissance representations of architecture, he produced his own "lesson in architecture", quoting a number of details and elements then drawing them all to the same scale in pastel shades so as create a geometrically cogent yet totally unreal "ideal city". Therefore, despite employing a repertoire of art historical forms, the overall space he created had little to do with 14th and 15th century architecture.
However, as a subtle nod in the direction of illusionism, each column was painted to imitate marble, pinewood or mosaic, joyfully mixing decorative techniques and historical periods.

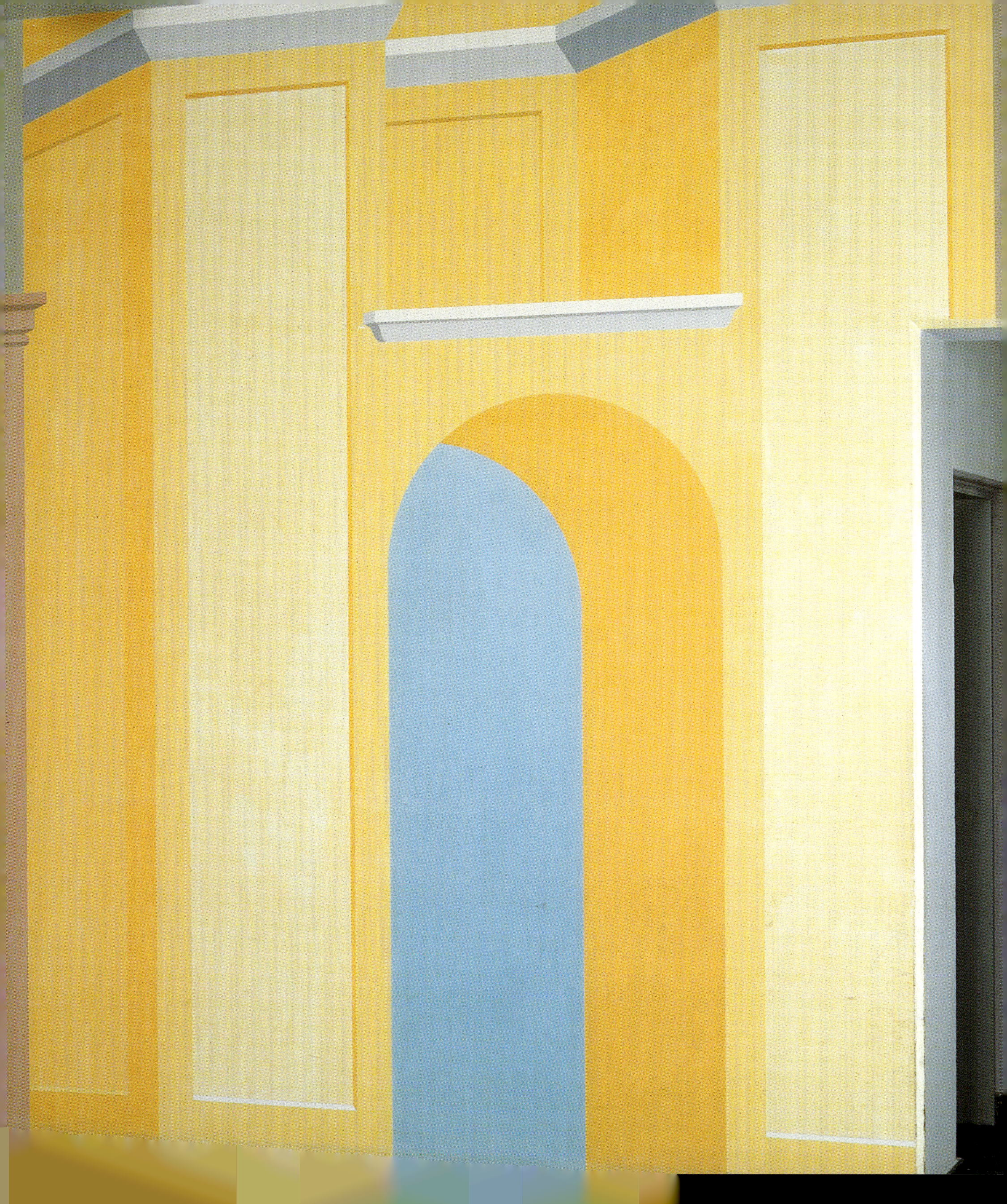

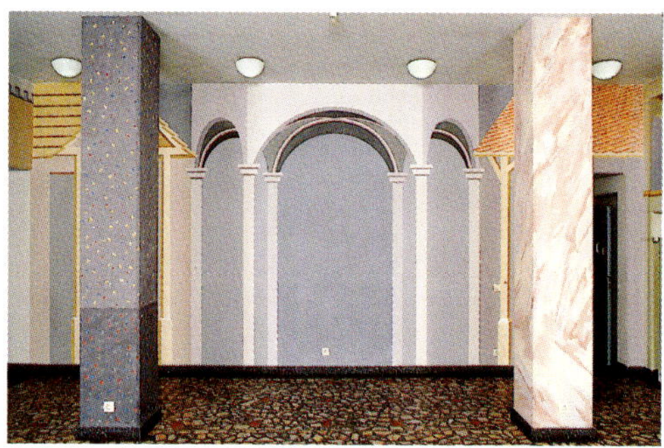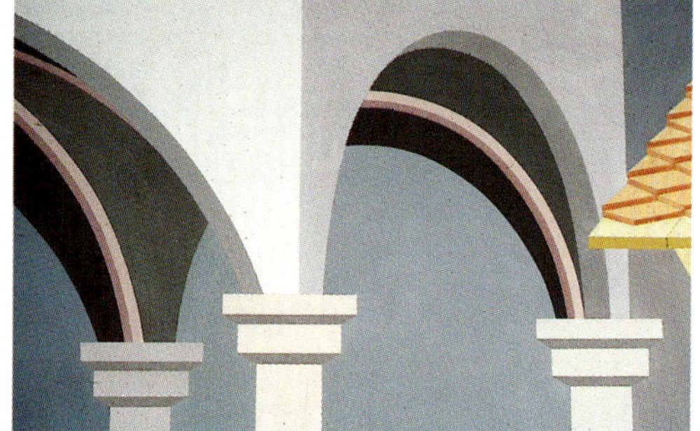

Le Hall du Kreishaus (détails), Viersen (Allemagne), 1982-1985

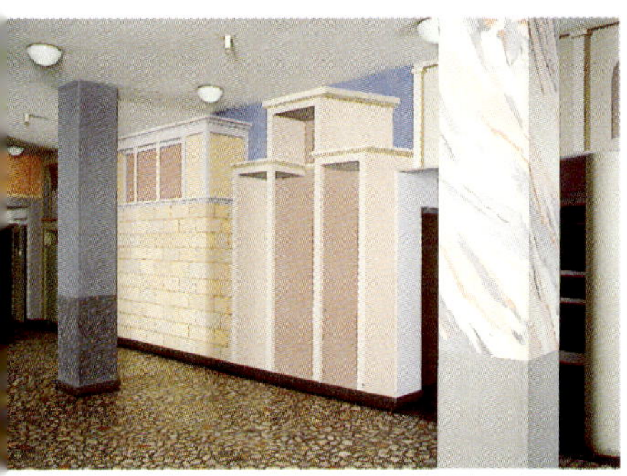
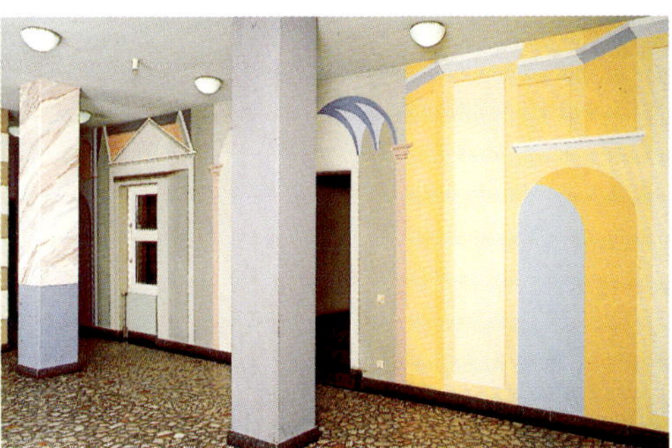
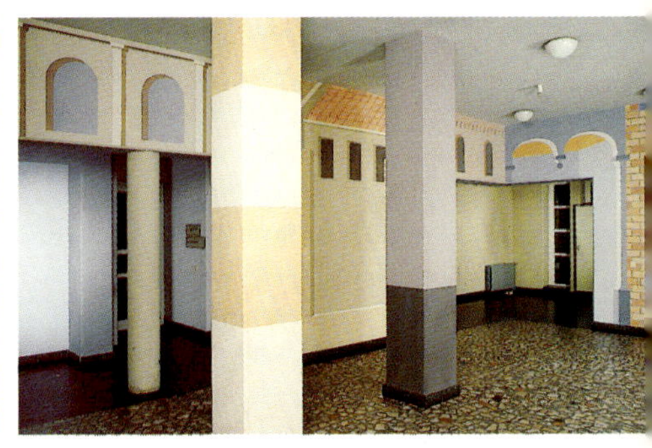

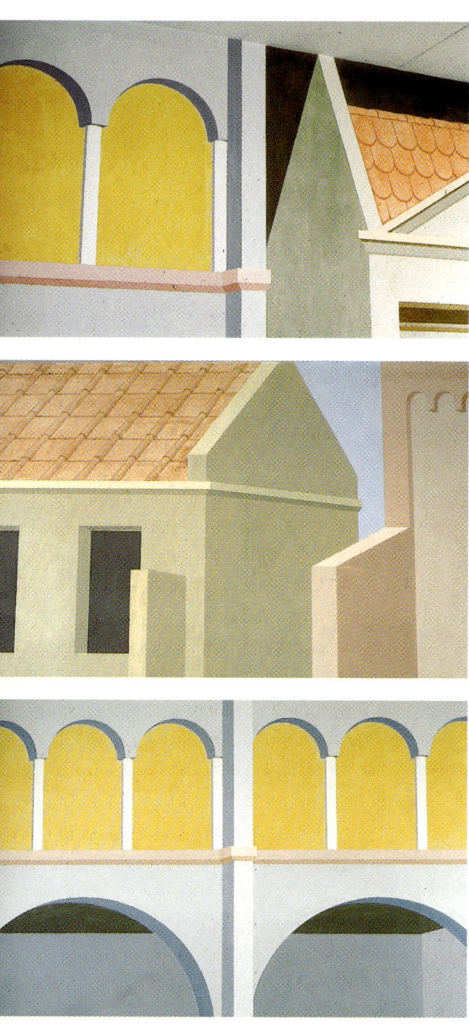

Le Hall du Kreishaus (détails), Viersen (Allemagne), 1982-1985

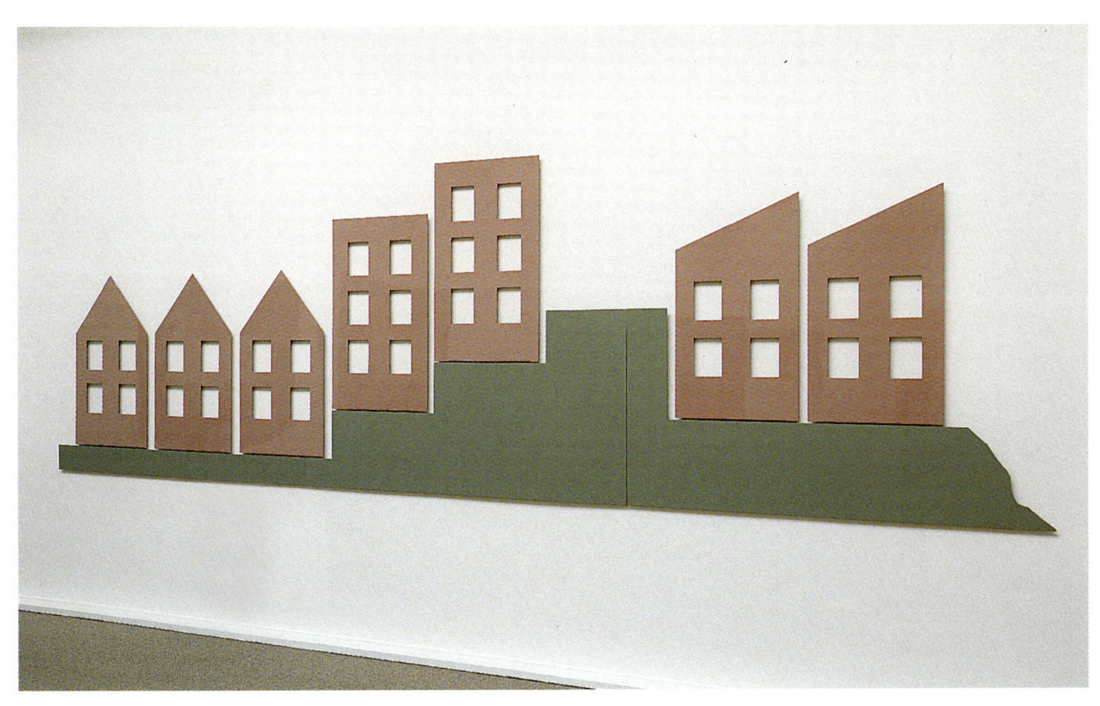

Ville sur colline, 1985-1989

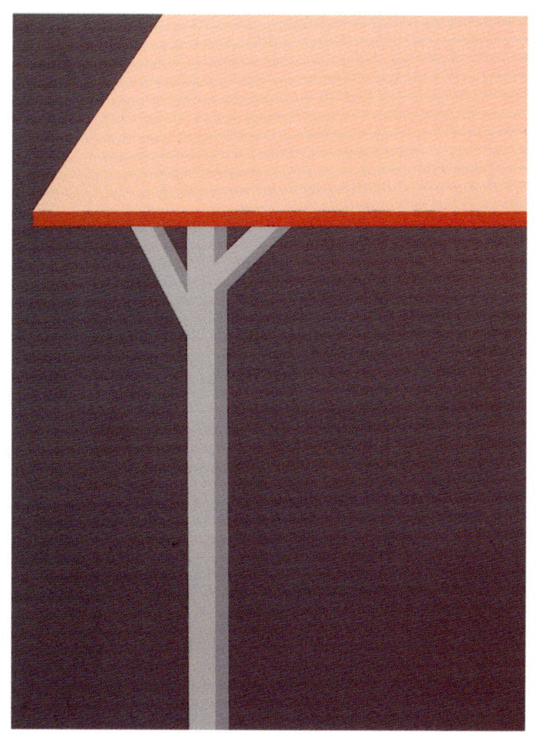

Toit, 1991

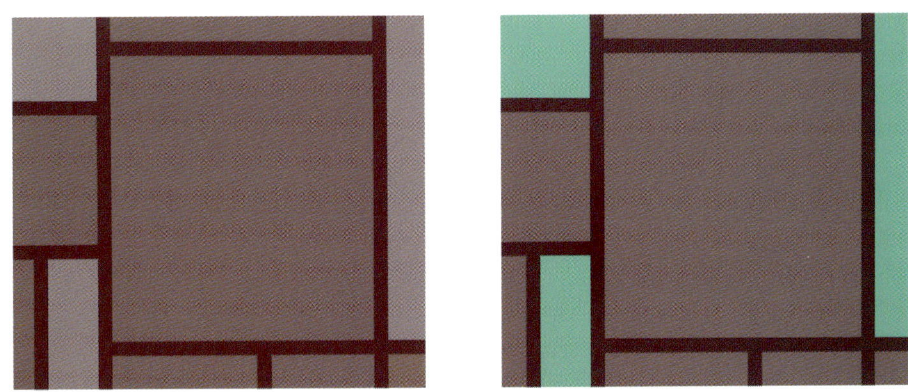

Mondrian gris, Mondrian vert, 1991

Schwimmbad Viersen. 1990-1992

Piscine privée à Viersen (Allemagne).
Design des murs, bassins, comptoir, banc et sol avec des carreaux, en partie figuratifs.
environ 20 x 30 m.

Private swimming pool at Viersen (Germany).
Walls, pools, bar, bench and partly figurative floor mosaic. Approximately 20 x 30m.

Georg Ettl est sollicité par un particulier pour concevoir le design du dallage de sa piscine et ses abords.
L'artiste ponctue le revêtement carrelé des motifs figuratifs tirés de son répertoire habituel – flamants roses, chiens en laisse, profils humains, éléments mobiliers. Motifs qui semblent prélevés d'un univers, sinon quotidien, du moins ordinaire, commun, et ce, moins peut-être par le choix du sujet que par leur aspect stylisé.
Si certains de ces sujets sont saisis en plein mouvement, tous sans exception ont l'air figés, statiques, donnant l'impression d'être "pétrifiés", statufiés, tels les deux flamants se tenant bien droit sur leurs pattes et à qui ils manquent la tête, à la limite supérieure exacte du cou, réaffirmant par là leur statut d'image.
Par ailleurs, le dessin anguleux de Ettl et l'usage de la perspective axonométrique pour la représentation de formes mobilières s'accomode ici parfaitement de la géométrie des carreaux. Alliés à la ligne épurée et orthogonale du plan architectural, ces éléments contribuent à créer une impression d'ensemble d'un espace homogène, aéré, spirituel.

Georg Ettl was given a private commission to design the tiled area in and around a private swimming pool.
He responded by employing a range of familiar figures – pink flamingoes, dogs on leads, human silhouettes in profile, items of furniture – and used them to decorate the tiled area. The figures are all resolutely ordinary, appearing all the more so through their stylised rendering.
Despite several designs depicting figures in movement, all these elements appear as if frozen, immobile and statue-like. The two flamingoes for example are shown bolt upright from leg to neck yet lack a head, as if to remind us that these birds are nothing other than images.
The pool's tiled grid pattern perfectly complements Ettl's angular graphic style and use of axonometric projection to depict items of furniture. Allied with the rectilinear architecture of the pool and its surroundings, the designs produce an effect of almost spiritual and unified open space.

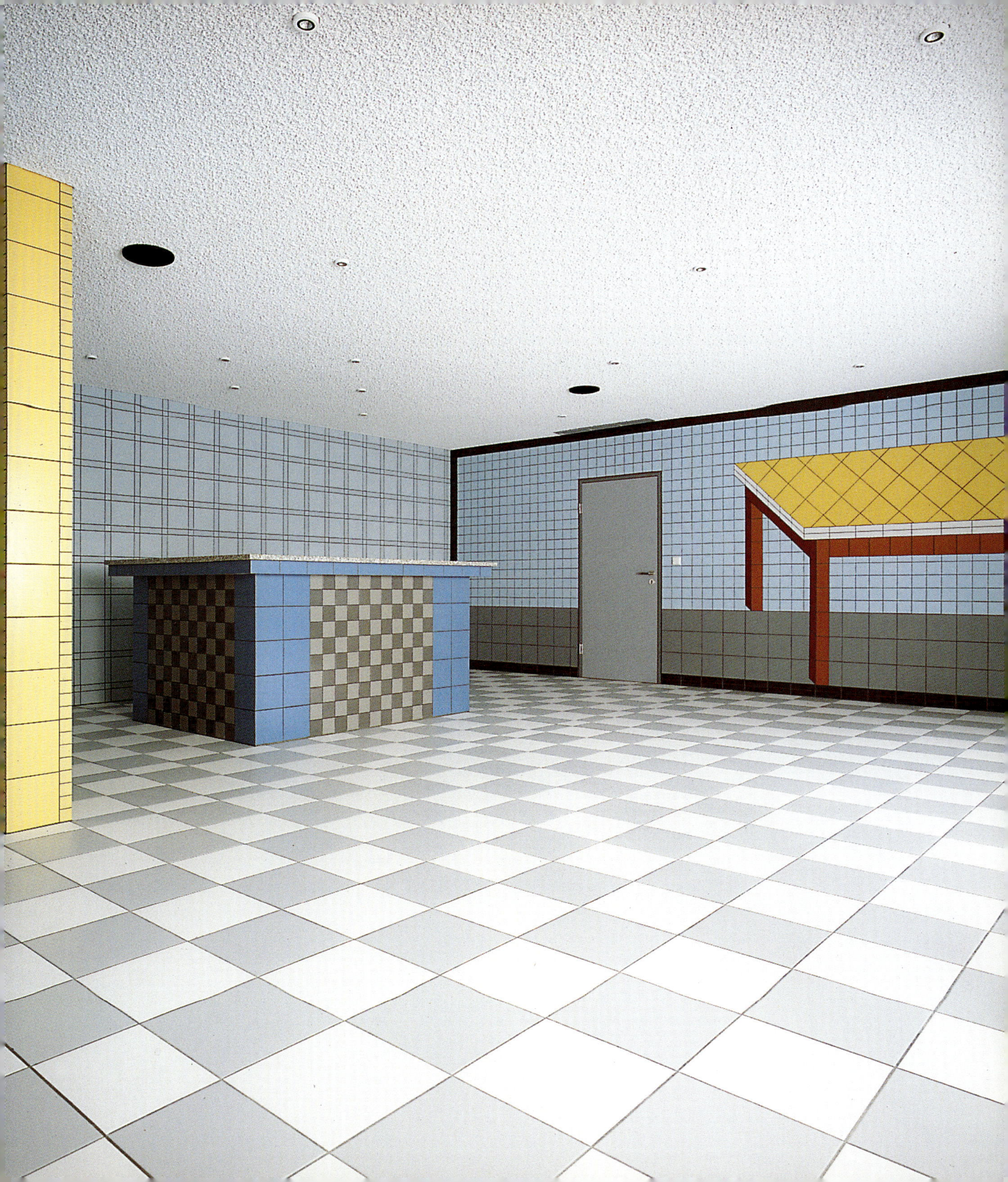

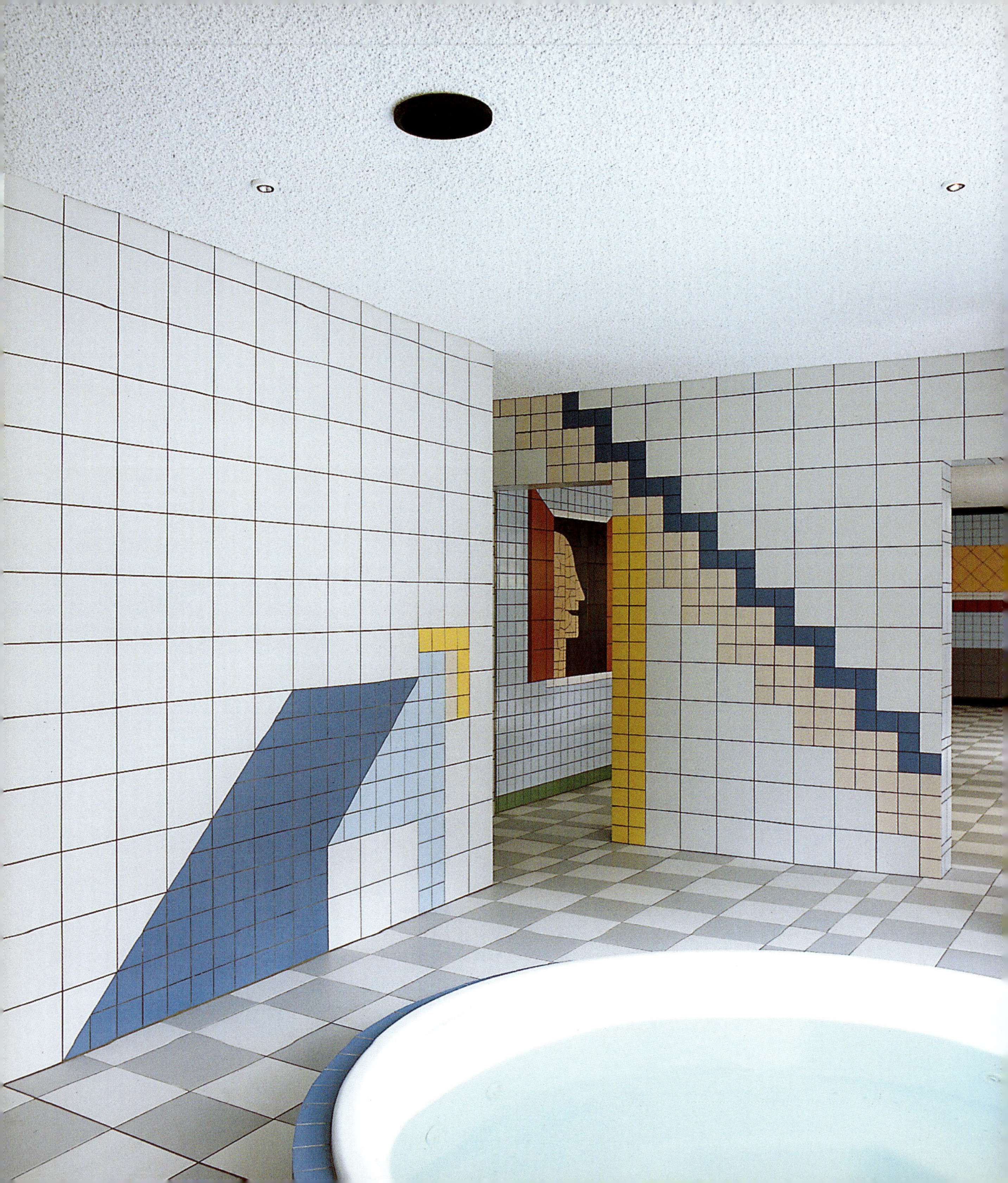

Vue d'exposition, Neueraachenerkunstverein (Allemagne), 1994

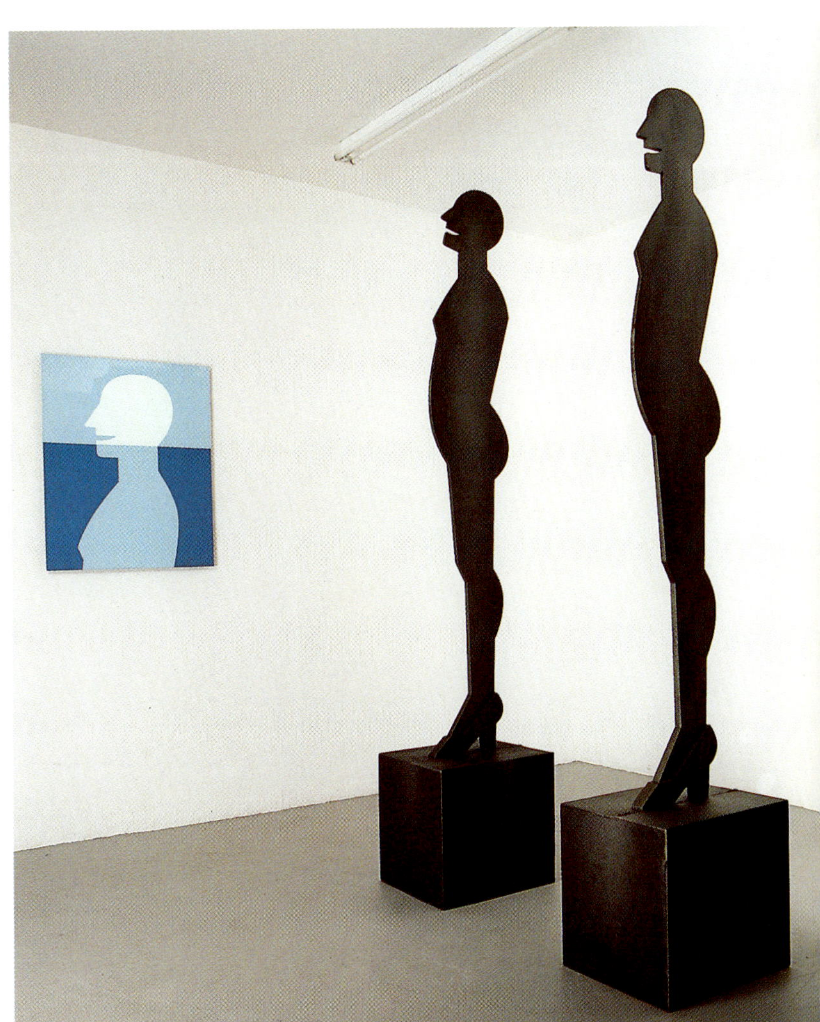

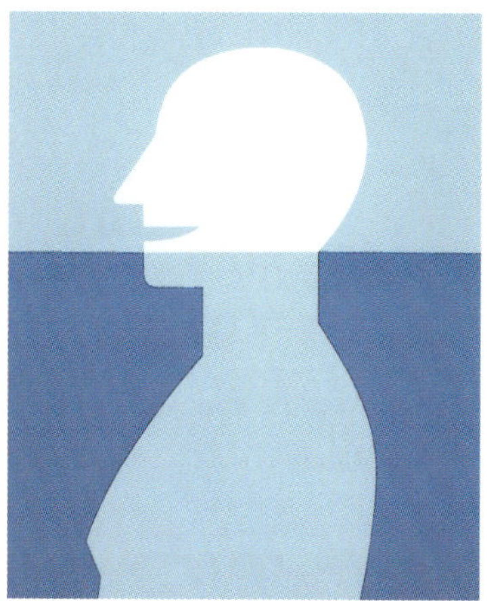
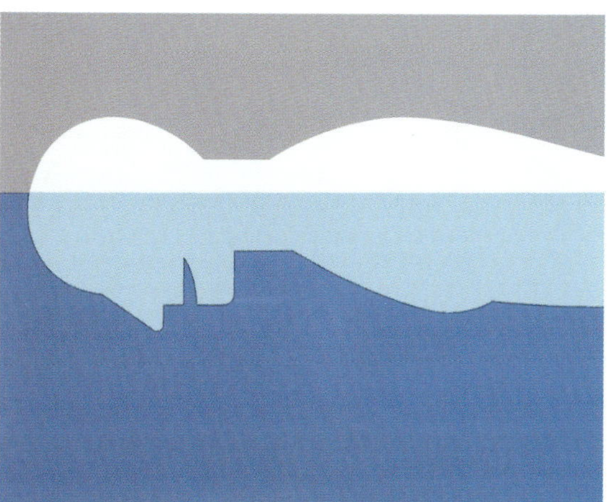
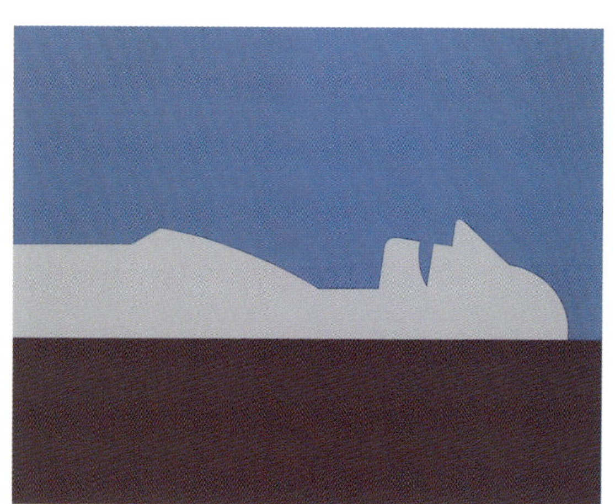
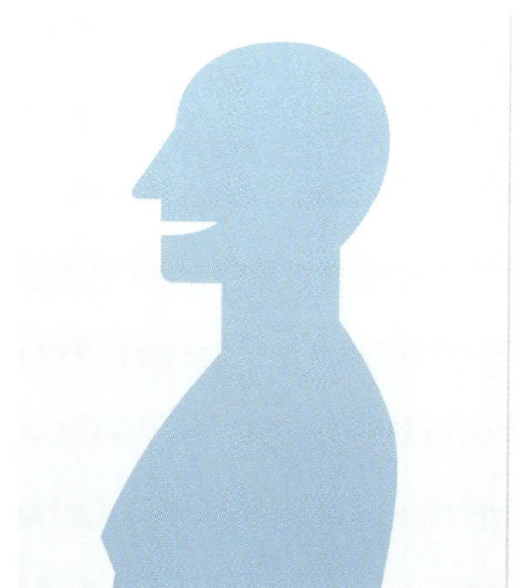

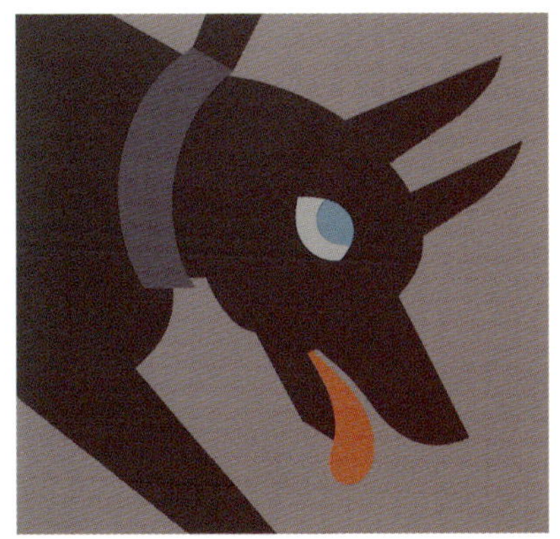

Chien (tête)

Humain dans l'eau
Humain visage en bas
Humain se couchant
Humain sur fond blanc
1991

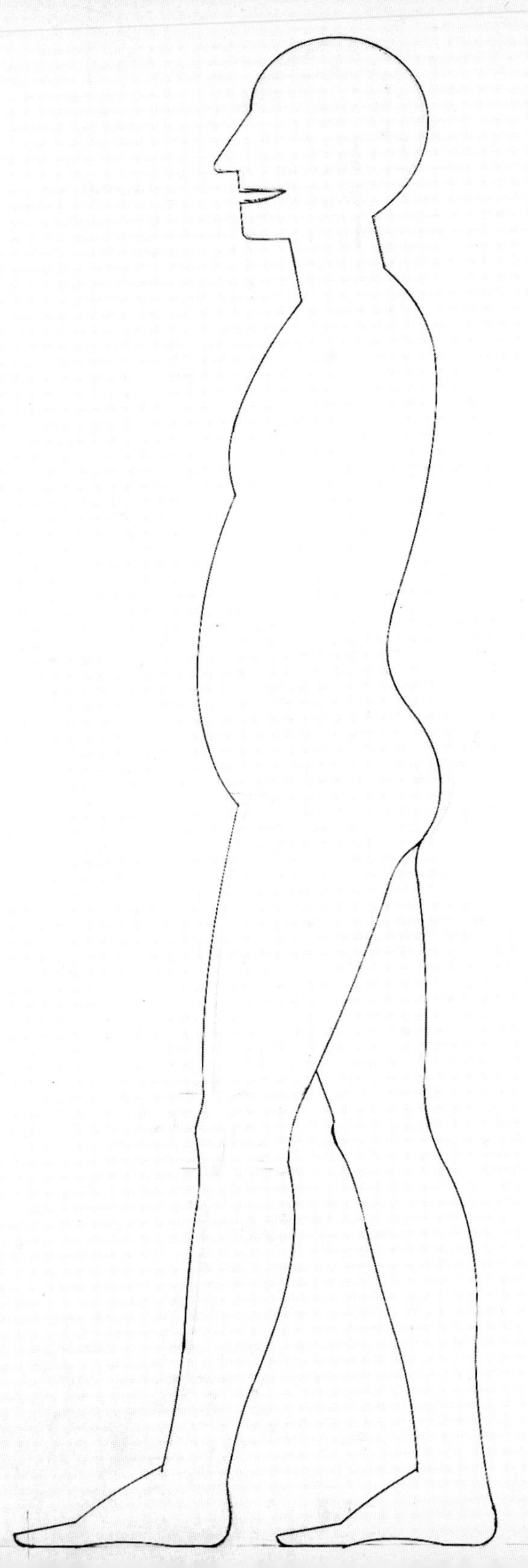

Étude de figure n°9, 1990

Georg Ettl, cheval bondissant

par Ramon Tio Bellido

Dans l'entretien qu'il a accordé à Jean-Claude Lasserre [1], Georg Ettl livre une description assez belle pour parler de ses œuvres : « ...elles utilisent un langage très simple qui a un caractère industriel, [ce sont] des enfants de notre temps ».

Evidemment, ceci n'est pas qu'une description, c'est avant tout un programme. Un programme qui, énoncé comme tel, ouvre un champ d'interprétations plutôt vaste, plutôt complexe, et qui mériterait que l'on s'attarde sur le sens qu'Ettl prête aux mots « industriel » ou « notre temps ». Mais plus avant, une fois ces vérifications opérées, reste le point essentiel de cette citation, qui semble induire une causalité, un modus esthétique assez déterministe – et qu'il convient de suite de ne pas ranger dans une sorte de fatalité – puisque, cependant, ces œuvres sembleraient ne pas pouvoir échapper à une origine, ou une généalogie, qui en dessineraient les formes, les apparences et le sens.

À cet égard, il est intéressant de noter que les textes consacrés au travail de Georg Ettl, dans les catalogues de ses expositions monographiques, insistent sur les aléas d'une carrière dont les étapes chronologiques et topographiques constitueraient comme autant de paliers décisionnels sur le plan artistique et esthétique, mais différés dans leur perception et leur inscription publique.

En l'occurrence, son « apprentissage » américain, lorsque, jeune étudiant et artiste émergent il réside à Detroit, s'il se constitue bien autour de l'esthétique alors dominante du « minimal art », s'en démarque déjà par l'utilisation « de matériaux modernes comme le formica ou le plexiglas » [2], mais surtout parce que les œuvres qu'il crée, malgré leurs similarités formelles avec les productions impersonnelles de ses collègues américains, sont en général « désaxées, gauchies (et) ne correspondent pas à l'idée d'un modèle anonyme ». Cette « personnalisation » de l'art, quelque peu à contre courant de ce qu'il était d'usage de faire alors, serait, à croire Jean-François Dumont, la raison principale pour laquelle le travail de Ettl a dû « attendre vingt deux ans pour être vu » !

Au delà de cette précision chronométrique, que s'est-il passé entre-temps?
Georg Ettl retourne en Allemagne, il s'installe à Mönchengladbach. Il réalise une série de travaux, a priori différents de ceux qu'il a fabriqués jusqu'alors, dans lesquels il combine la présence de matériaux précieux – la feuille d'or –, triviaux – le béton –, ou artificiels – le formica – et, surtout, le prétexte d'une figure, en l'occurrence celle d'un caniche, de

chevaux lippizan faisant la cabriole ou de corolles de fleurs. Ces œuvres charnières gardent, à bien des égards, leurs caractères « minimal », comme le note Jiri Svestka [3], par leurs « ...formes géométriques statiques, leur échelle calculée soigneusement (qui leur permet de) fonctionner d'une façon distante, austère, malgré leurs motifs kitsch, déportées de tout contexte et isolées de toute connotation, mais dont les qualités figuratives sont suffisamment affirmées pour les faire apparaître comme des symboles. Des symboles étranges cependant, qui ne représentent rien et ne désignent qu' eux-mêmes ».

Ettl n'est pas le seul artiste qui, d'une manière plus ou moins radicale, ait fait un « retour » à la figure vers la fin des années soixante-dix. Mais il est vrai que la plupart des artistes concernés l'ont plutôt fait à l'aide d'une palette expressionniste, comme s'il s'était agi non pas de repenser la présence d'une figuration dans l'art, mais bien de celle d'une gestuelle, d'une sensibilité entendue comme une représentation informelle s'exprimant en-deça de toute prétendue normativité.
Aux antipodes de ces solutions, Ettl semble lui, avoir opté pour un art réfléchi, dans lequel n'intervient nulle spontanéité, nul désordre iconographique. Les œuvres de Ettl sont le résultat de recherches et de mises au point mûrement réfléchies ; ses figures, s'il fallait le dire vite, semblent ainsi davantage bâties que tracées, davantage construites qu'élaborées.
Et le paradoxe, c'est que ce faisant, elles paraissent alors plutôt « impersonnelles » dans leurs factures, car elles se caractérisent en général par un aspect mécaniste, stylisé, qui fait la part belle à la mise en avant d'une confection quasi artisanale. C'est là le « caractère industriel » qu'Ettl met en exergue, et qu'il faut entendre comme une revendication éthique de son art.

Je tiens en effet pour anecdotiques les anachronismes de visibilité ou de réceptivité réciproques dont a pu faire l'objet cette production. S'il est bien entendu difficile pour un artiste de constater que ses œuvres ne connaissent pas une diffusion et une attention qu'il pense légitime, il est bien plus important de constater qu'un artiste comme Georg Ettl, une fois son vocabulaire et son champ d'actions déterminés, ne s'en départisse pas, et qu'il continue, avec une obsession remarquable, à œuvrer dans cette direction qu'il s'est a priori unilatéralement fixée.
Ettl, à l'instar de quelques autres de sa génération, s'est donné comme mot d'ordre, ni plus ni moins, que d'intervenir dans la *polis*, au sein de la cité, avec la conviction que là est le lieu dialectique qui donne sens au travail artistique aujourd'hui. Mais plutôt que

d'indexer les (dys)fonctionnements d'une normativité institutionnelle ou publique du Beau, comme le pratiquent les architectes, les urbanistes, et, dans le champ de l'art, les praticiens de l'*in-situ,* Ettl met carrément la barre vers une intervention plastique qui revendique une correction sensible de notre environnement quotidien. Un quotidien, à ses yeux, caractérisé par une indigence esthétique et spirituelle, et sur lequel les artistes feraient bien de se consacrer, alors qu'« ils ne s'intéressent pas à l'esthétique en tant que phénomène de société », et qu'il pense qu'« il n'y a pas forcément de contradiction entre la production de masse et l'esthétique ; qu'une société industrielle [devrait avoir] une véritable exigence de beauté [et ne devrait pas] subir le manque de goût et la destruction ou le fétichisme des ruines comme une règle ». [4]

Une telle déclaration nous réjouit d'aise, avouons le, surtout à un moment où une sorte d'intégrisme patrimonial convertit systématiquement le moindre « lieu » en « site » et muséifie le moindre geste artisanal révolu en espèce à sauvegarder !
Mais au-delà de cette digression d'humeur, se pose plus sérieusement la question de l'intervention de l'art à un niveau public, des relations compliquées qu'entretiennent depuis plusieurs décennies les notions de culture populaire et de « culture cultivée », comme la nommait Dubuffet, d'intromissions entre « l'art et la vie », comme les revendiquent maints artistes interventionnistes. On touche également aux notions de goût, de responsabilités artistiques, de compréhension commune, de rejets et d'adhésions du public… bref on aborde un énorme chantier, un chantier délicat et jusqu'à un certain point inextricable.
Inextricable parce qu'il pose simplement les modes et les règles de ce qui paraît convenable ou adéquat, qu'il interpelle très directement les conventions d'une activité artistique, mais plus avant, ses propres définitions, ses acceptions catégorielles, ses relations d'usage et de comportements ; en un mot on touche là à l'évaluation même de l'art, c'est-à-dire aux idéologies qui le fondent et l'accompagnent.

Retour à Ettl, à son « récit autorisé » : Ettl, narrant la réalisation de son intervention pour l'église catholique de Neuss, en Allemagne, où il a réalisé un ensemble de peintures murales, se montre davantage satisfait de la confiance du commanditaire – qui lui propose là un enjeu à la mesure de ses intentions artistiques – que surpris du cahier des charges qui lui est imposé, se résumant en une seule phrase, « faire une œuvre lisible, pas forcément figurative, mais lisible ».
Entre le lisible et l'intelligible, il n'y a certainement qu'un pas. Revoilà en quelque sorte

évoquée la « simplicité » de son art, et, plus globalement, le parti-pris scriptural qui est le sien. Observons, rapidement, les séries d'œuvres que Georg Ettl a réalisées depuis une vingtaine d'années, et constatons combien elles tendent de plus en plus vers une décantation des formes, vers une épure. Toutes ses figures, ou presque, sont traitées en profils, les personnages, les animaux, les façades de bâtiments qui en constituent les motifs récurrents sont comme autant d'images en silhouettes, proches des motifs de médailles ou de l'héraldique, se composant d'une couleur seule circonscrite par un seul trait. Parce qu'elles ont des allures de pictogrammes, elles fonctionnent volontiers comme des éléments interchangeables, ou plutôt, lorsqu'il s'agit d'œuvres mobilières, d'éléments certes autonomes mais qui peuvent s'agencer dans des situations multiples, en fonction du contexte où elles s'exposent. Je pense ici plus volontiers aux séries de façades découpées dans des feuilles de métal de 1986 (les « Cityscapes ») et aux têtes d'hommes dessinées sur de la pierre sablée de la même époque, qui ne sont des œuvres ni d'intérieur ni d'extérieur, pas davantage de salon ou de bureau sans doute, toutes œuvres que l'on peut soit poser au sol soit accrocher au mur, et que l'on peut adapter, en quelque sorte, selon son goût personnel ou son humeur du moment. Cette radicalité de la chose mobilière s'accompagne par ailleurs d'une radicalité égale pour les interventions immobilières qu'a accomplies Ettl. Là encore, elles déclinent parfaitement leurs caractères d'évidence, comme dans le décor qu'il a entrepris en 1984 pour le hall d'entrée de l'Hôtel de Région de Viersen, dans la galerie de Gouffier au Château d'Oiron en 1995, ou pour l'Église de Neuss, en 1992/1995.

À Viersen, il s'agissait de cacher la nudité fonctionnelle d'un hall de béton, qui n'avait retenu du modernisme que les lois de la construction structurelle et non celles de l'esthétique brutaliste. Ettl a peint là une sorte de cité idéale, en trompe-l'œil, en se servant des villes représentées dans les dessins de Gentile da Fabriano et de Lukas Moser, mais aussi des fresques et des tableaux de Giotto et de Lorenzetti. Véritable pot-pourri de la métrique et de l'ordre de la construction de la Renaissance, cet ensemble insiste davantage sur la charge imaginaire de sa restitution, sur l'arbitraire de sa construction, qu'il ne se constitue en pourfendeur d'une perte d'idéal esthétique de l'espace où il se déploie. Il dit plutôt, en quelque sorte, la continuité potentielle de ce type d'interventions, leur altérité, leurs recouvrements successifs, qu'il ne se fait l'apologie d'une fixation normative et rétroactive. Au contraire, à l'aide de son principe de citations, Il faut presque le concevoir comme un jeu social, un jeu de société grandeur nature style Quizz, qui s'adresse à des joueurs indéterminés à qui est laissée la liberté d'une participation, et donc d'interprétation. En ce sens, cette œuvre devient certainement et littéralement une œuvre « publique », sans concessions. Il en va de même pour la frise des chevaux de Oiron ou pour les scènes des évangiles de Neuss. Si les deux semblent ici être à leur place, puisque la première vient compléter un programme inachevé de fresques décoratives représentant les chevaux favoris du Roi Henri II, et que la seconde vient illustrer les textes fondateurs qui rassemblent les discussions des fidèles, ils ne nient pas, dans leur simplicité narrative, la nature même de cet assujetissement. Ces œuvres sont là pour être au service de quelque chose, quelque chose qui les précède plus qu'elle ne les domine, et, dans les deux cas, au service d'une architecture bien plus que l'intentionnalité autoritaire qui la fonde (la noblesse, l'église !). Délibérément, Ettl ajoute du manifeste à de la matérialisation, son travail excède une première mise en forme, il opère volontairement comme un décor.

Le décor, dans le langage commun, comme peut-être dans celui des spécialistes et des exégètes de l'art, n'est jamais très loin du décoratif. Le décor, c'est cette chose qui n'est pas vraiment ce qu'elle semble être, entre le plaqué et le cache-misère, qui advient comme un parasite, qui est toujours en trop, en plus.
Pourtant, nous le savons aujourd'hui, ce décor autant vilipendé n'est plus réductible à cette perception disqualifiante, surtout depuis que d'une façon quasi hégémonique l'art reconsidère l'orthodoxie académique de ce présupposé.
Je m'appuie volontiers sur l'ouvrage de Jacques Soulillou [5] qui a pris la peine de faire l'historique de la conception chaque jour plus relative de cette notion, comme explication de texte, en quelque sorte, d'un des principaux aspects de l'art de Georg Ettl, et peut-être, sans aucun doute, de sa principale qualité. Contrairement à ce que fait Ettl, les conventions et le bon goût commun interdiraient en effet d'user de procédés qui permettent des falsifications « où le plâtre tient lieu de marbre, le papier joue la peinture, le carton imite les travaux du ciseau, le verre se substitue aux pierres précieuses », c'est-à-dire que l'artiste doit œuvrer pour que « les matériaux [soient] travaillés de telle manière qu'il soit impossible de confondre le matériau revêtu avec son revêtement ». Ou encore plus fort, l'interdit devient carrément tabou lorsqu'il édicte qu'« on ne peint pas sur un Mies van der Rohe ». [6]

Face à de telles virulentes attaques, expressément choisies dans le domaine de l'architecture, Soulillou montre bien que le fond du problème est cette capacité inhérente au décoratif, « qui redouble le visible et le fragilise en même temps » et qui agit comme un symptôme puisqu'il désigne irrémédiablement ce qu'on ne veut pas voir. Soit la prétention normative à une vérité, soudain altérée par cette faille structurelle qu'est l'irruption d'un recouvrement, d'une souillure en quelque sorte, un bubon, forcément de mauvais goût.

Le décoratif, ou ce qui dorénavant lui ressemble, car tel est un des formidables déplacements opérés récemment par l'art, indexe de toutes façons le populaire, le kitsch, le bas de gamme. Et s'il en est ainsi, c'est bien parce qu'il utilise un « langage simple », ou plutôt le langage des simples, lisible, compréhensible (sic), intelligible (resic).
À tel point sans doute que Jacques Soulillou a bien raison de prévenir un contre emploi généralisé ou banalisé, de cette force critique, qui conduirait à un « décor entièrement constitué d'éléments décoratifs, [devenu] une sublimation de l'accessoire... [s'épuisant] dans une opération d'où ne [résulterait] aucun *reste,* aucun *déchet* – décoratif pur ».[7]

Georg Ettl borde de plain-pied cette résurgence et cet usage du décoratif. Ses travaux semblent attirés par un trope scriptural qui se situerait dans une périphérie du (bon) goût, parce qu'ils convoquent d'emblée une mixité constitutive plutôt hétérodoxe. Ni pas assez « conceptuels » ou « impersonnels » pour les uns, trop « artisanaux » pour les autres, ils ne peuvent contenter à tout coup les *doxa* complémentaires de la dématéralisation comme celle de l'apologie du métier. En outre, son iconographie se meut délibérément dans un espace référentiel anachronique, ou en tous cas volontairement en retrait d'une figuration trop explicite comme d'un système graphique trop achevé.
L'exemple le plus frappant, et certainement le plus extrême de ce procédé peut se vérifier dans les décors de l'église de Neuss, pour lequel Ettl a choisi de retranscrire la rhétorique profusionnelle des fresques romanes, mais en gommant systématiquement les qualités identitaires des personnages qui ne se montrent que sous un aspect d'homoncules, de lymphes semblables, béatement grimaçantes (ou souriantes), et dont seuls les attributs (béquilles, bandages, vêtements, trompettes, ailes, couronnes, lyres et autres ustensiles) permettent de comprendre le rôle et les fonctions discursives. Au bout du compte, il faut lire cet ensemble comme une immense caricature, comme le résultat paradoxal d'une conviction et d'une ironie : à quoi sert de faire « à la manière de » et pour qui aujourd'hui ? La réponse, homéopathique, serait de « faire comme si » mais à l'aide de procédés stylistiques qui disent déjà leur état de pastiches. En mentant deux fois coup sur coup, on doit bien parvenir à poser quelques vraies questions sur les raisons de tout cela...
S'il y a de l'excès chez Ettl, c'est en tous cas un excès endogène. L'art de Ettl ne désire

pas déborder du champ de l'art et de celui de l'esthétique, au contraire, il essaie d'y revenir sans cesse, d'en vérifier la validité transcendantale en quelque sorte, dans une obstination qui forge sa singularité.

Il n'est guère surprenant alors qu'il le fasse *en biais* et *en trop.* Ettl échappe à tous méta-discours modernes ou post-modernes, car il est trop discipliné peut-être pour se faire (c'est-à-dire trop impliqué dans sa discipline). Mais il y est comme ces chevaux qu'il prend souvent comme prétexte de ses œuvres, beaux comme des emblèmes d'obéissance, mais passibles d'écarts, de refus et de ruades.

R. T. B.

1. *Art et architecture,* extraits d'entretiens entre Georg Ettl et Jean-Claude Lasserre, éd. Château d'Oiron/Script Éditions, 1997.
2. Jean-François Dumont, *La saveur du réel, ibid.*
3. Jiri Svestka, *Georg Ettl: The Minimalist as Romantik,* in catal. Georg Ettl, Kunstverein Düsseldorf, 1990.
4. Ettl/Lasserre, *ibid.*
5. Jacques Soulillou, *Le Décoratif,* éd. Klincksieck Esthétique, Paris, 1990.
6. Successivement, citations de Charles Blanc, d'Adolf Loos et de Robert Venturi in ouvrage pré-cité.
7. Soulillou, *ibid.*

Georg Ettl: The Leaping Horse.

by Ramon Tio Bellido

In the interview he gave to Jean-Claude Lasserre,[1] Georg Ettl rather beautifully describes his works in this way: "… they use a very simple language of an industrial nature, (they are) children of our times." Clearly, this is not only a description, it is, above all, a program. A program which, set forth as such, opens up a vast and complex field of interpretations, and which merits taking the time to linger over the meaning that Ettl gives to the words "industrial" or "our times." But, more importantly, once these have been examined, the essential point of this quotation remains; it seems to infer a causality, a pretty deterministic esthetic modus – and which, furthermore, should not be categorized into a kind of fatality – because, nevertheless, these works seem unable to escape an origin, or a geneology, which defines the forms, the appearances and the meaning.

In this respect, it is interesting to note that the texts devoted to Georg Ettl's work, in the exhibition catalogues of his personal shows, stress the chance events of a career whose chronological and topographical stages seem to constitute as many degrees of artistic and esthetic decisions, however, they differ in their perception and in the public reaction to them. As it was, during his American "apprenticeship," when he lived in Detroit as a young student and emerging aartist, although he revolved around the then dominant esthetic of "minimal art," he was already distinguishing himself through the use of "modern materials such as formica or plexiglass,"[2] but especially through creating works which, despite sharing some formal similarities with the impersonal products of his American colleagues, were generally "eccentric, off-center, and did not correspond to the idea of an anonymous model."

According to Jean-François Dumont, this "personalization" of art, which ran slightly counter to what was being done at the time, would be the principle reason why Ettl's work had to "wait 22 years to be seen."[2] Beyond this chronometric precision, what was happening in the interim? Georg Ettl returns to Germany and settles in Monchengladbach. He creates a series of works, a priori different from those which he made until then, in which he combines various materials – precious ones such as gold leaf, ordinary ones such as concrete, or artificial ones such as formica – and, above all, he also includes the pretext of a figure, in this case, that of a poodle, caprioling Lippizana horses, or corollas of flowers. These pivotal works retain, in many respects, their "minimal" nature, as Jir Svestka notes,[3] by their

"... static geometric forms, their carefully calculated scale which enables them to function in a distant, austere, way, despite their kitschy motifs, extracted from any context and isolated from any connotation, however, whose figurative qualities are sufficiently present so as to make them appear to be symbols. Yet these symbols are strange, they represent nothing and only refer to themselves."

Ettl is not the only artist who, in a more or less radical way, made a "return" to the figure towards the end of the 1970's. But it is true that the majority of these artists did it with the help of an expressionist palette, as if the question were one not of rethinking the presence of a figuration in art, but rather one of rethinking the presence of gestuality, of a sensibility understood as an informal representation being expressed on this side of any so-called normalcy.

Contrary to these solutions, Ettl seems to have opted for a very considered art, in which no spontaneity or iconographic disorder interferes. Ettl's works are the result of research, and of fully thought-out refinements; his figures, if one had to describe them quickly, seem thus more built-up than drawn, more constructed than elaborated.

The paradox is that, due to this treatment, they appear more "impersonal," since they are generally characterized by a mechanistic, stylized aspect, which also gives an important place to an almost artisanal quality. Therein lies the "industrial nature" that Ettl emphasizes, and that should be understood as an ethical claim of his art.

In fact, I see as anecdotal the anachronisms of visibility or of reciprocal receptivity on which this production is based. Although it is of course difficult for an artist to realize that his works are not being widely seen or are not receiving the attention he thinks they deserve, it is much more important to establish than an artist such as Georg Ettl, once his vocabulary and his field of actions have been determined, does not deviate from them, and that, with remarkable tenacity, he continues to work in the direction he has unilaterally fixed for himself.

Ettl, like several others of his generation, chose as his absolute keynote, neither more nor less, to intervene in the polis, in the heart of the city, with the conviction that therein lies the dialectic place that gives meaning to artistic work today. However, rather than listing the (dys)functionings of an institutional or public normalcy of Beauty, (such as architects, urbanists, and those artists who practice in-situ, do), Ettl squarely aims for a visual intervention that is responsive to our day-to-day environment and that tries to correct what is lacking there. In his view, our day-to-day life is characterized by a an esthetic and spiritual penury, which artists should devote themselves to rectifying , even though "They are not interested in the esthetic as a phenomenon of society." Ettl also thinks that there is not "necessarily a contradiction between mass production and the esthethic... that an industrial socieity should truly require beauty and should not put up with the lack of taste and the destruction or the fetishism of ruins as a rule." [4]

Such a declaration thrills us, let's admit it, especially at a time when a kind of extreme patrimonial conformism systematically transforms the merest "place" into a "site" and museifies the simplest rediscovered artisanal act into an endangered species! But beyond this humorous digression, more seriously, the question is presented about art's intervention in the public sphere, the complicated relationships maintained for several decades by the idea of "popular culture" and "cultivated culture," as Dubuffet called them, of intromissions between "art and life," as many an interventionist artist claim. One also touches on notions of taste, of artistic responsibility, of shared views, of rejection and approval of the public... in short, one ventures into an enormous construction site, a site that is delicate and up to a certain point inextricable, inextricable because it simply positions the trends and rules of what appears to be convenient or adequate, because it challenges very directly the conventions of artistic activity, but even more in the forefront, its very definitions, its preferential categories, its relationships of usage and of behaviors, in a word, one touches there the very evaluation of art, that is to say the ideologies on which it is founded and which go with it. Back to Ettl, to his "authorized account": Ettl, recounting his work for the Catholic church of Neuss, in Germany, where he created an ensemble of mural paintings, proved to be very satisfied to have the confidence of the commissioner – who offered him there a challenge which measured up to his artistic intentions, which to the surprise of the prescribed specifications, the artist summed up in only one sentence, "to make a readable work, not necessarily figurative, but readable." Between the readable and the intelligible, there is certainly only one step. In a way, this again evokes the "simplicity" of his art, and on a larger scale, his scriptural bias.

Let's quickly look at Georg Ettl's series of works during the last twenty years, and observe how much they tend more and more towards a clarification of shapes, towards a finished plan, a purity. All, or almost all, of his figures are treated in profile, the personnages, the animals, the building facades which consitute his recurrent motifs are like as many images in silhouette, close to motifs on medals or blazons, being composed of one color only, circumscribed by only one line. Because they look like pictograms, they easily function like interchangeable elements, or rather, when it involves movable works, of elements which are

definitely autonomous but which are able to combine in various situations, in depending on the context in which they are shown. I am thinking here more of the 1986 series of façades cut out of metal sheets (the "Cityscapes"), and of the heads of men drawn on sanded stone of the same period; these works are neither for the interior nor (for) the exterior, no more for the living room than perhaps for the office, all are works which one can either place on the floor or hang on the wall, and which one can adapt, in a way, according to one's personal taste or one's mood of the moment. This extreme flexibility of the movable thing is accompanied in other respects by an equal radicality for immobile interventions which Ettl has done. There again, they convery perfectly clearly their characteristics, as is shown in the decor which he created in 1984 for the entry hall of the Hôtel de Région de Viersen, in the galerie de Gouffier at the Château d'Oiron in 1995, or for the Eglise de Neuss in 1992/95. The work in Viersen involved covering up the functional bareness of a concrete hall, which had retained from modernism only the laws of structural construction and not those of its "brut" esthetic. There Ettl painted a kind of ideal city, in trompe-l'œil, by using the cities represented in the drawings of Gentile da Fabriano and of Lukas Moser, but also frescoes and paintings by Giotto and Lorenzetti. A true pot-pourri of proportions and of the order of Renaissance construction, this ensemble stresses the imaginary component of its restoration, the arbitrary nature of its construction, that it is not constituted (en pourfendeur) of a loss of esthetic ideal of the space in which it spreads out. It speaks instead, in a way, of the potential continuity of these kinds of interventions, their alterity, their successive coverings, which (which does not praise a normative and retroactive fixation. On the contrary, with the help of its principle of quotes, it should almost be conceived as a social game, a game of society – life-sized like a Quiz Show – which is addressed to indeterminate players who thus acquire the freedom to participate, and thus to interpret. In this sense, this work certainly and literally becomes a "public" work, with no concessions made. The same is true for the frieze of horses in Oiron or for the scenes of the gospels at Neuss. Although both seem here to be in their rightful places, because the first completes an incomplete program of decorative frescoes representing the favorite horses of King Henry II, and the second illustrates the texts fundamental to religious discussions, they do not deny, in their narrative simplicity, the very nature of this subservience. These works are there to be at the service of something, something which precedes them more than it dominates them, and, in both cases, at the service of an architecture much more than the authoritarian intetntionality which founds it (nobleness, the church!).
Deliberately, Ettl adds declarations to materialisation, his work goes beyond a first formu-

lation, it readily functions as a decor. The decor, in common language, as also perhaps in the languageof specialists and the exegetists of art, is never very far from the decorative. The decor is this thing which is not really what it seems to be, between the fake and the cover-up, which transpires like a parasite, always unwanted, always unneeded. Yet, we know today, this decor that is so vilified can no longer be reduced to this discrediting perception, especially ever since art has reconsidered the academic orthodoxy of this presupposition in an almost hegemonic way.

I willingly rely on the work by Jacques Soulillou,[5] who took the trouble to give an account of the increasingly more relative concept of this idea, as a commentary, in a way, about one of the major aspects of Georg Ettl's art, and undoubtedly, about its major quality. Contrary to what Ettl does, conventions and common good taste would in fact forbid using falsifica-tion "in which plaster takes the place of marble, paper plays the role of paint, cardboard imitates scissor-cuttings, glass is substituted for precious stones," that is to say that the artist must work in order for the materials to be transformed in such a way that it would be impossible to confuse the dressed-up material with its dressing. Or even more extreme, the forbidden becomes squarely taboo when it decrees that "one does not paint on a Miles van der Rohe."[6]

Faced with such virulent attacks, expressly chosen from the field of architecture, Soulillou clearly shows that the crux of the problem is this inherent capacity of the decorative, "that simultaneously strengthens and weakens the visible" and that acts like a symptom since it irremediably points out what one does not want to see. The normative pretense contains a truth, that is suddenly altered by this structural crack of a re-covering, of a defilement in a way, a bubo, necessarily in bad taste.

The decorative, or what resembles it from now on, in one of the major shiftings made recently by art, indexes what is popular, kitsch, of the lowest quality. And if this is so, it is precisely because it uses a "simple language," or rather it uses the language of simple peo-ple, readable, understandable, intelligible."

To such a degree perhaps that Jacques Soulillou is very right in anticipating a generalized or vulgarized counter use of this critical power, which would lead to a "decor entirely con-stituted of decorative elements, turned into a sublimation of the accessory… exhausting itself in an operation which would leave no remains, no waste – the pure decorative."[7]

Georg Ettl confronts head-on this resurgence and this use of the decorative. His works seem attracted by a scriptural trope that is situated on the periphery (outskirts) of good taste, because they immediately call up a rather heterodox constitutive mixing. Not "conceptual" or "impersonal" enough for some, too "artisanal" for others, his works cannot satisfy the complementary doxa of dematerialization and of a defense of his trade. Besides, his iconography is deliberately situated witihin an anachronistic referential space, or in any case, is voluntarily set back from a too-explicit figuration as well as from a too-polished graphic system.

The most striking and certainly the most extreme example of this procedure can be seen in the decors of the eglise de Neuss, for which Ettl chose to retranscribe the (profuse rhetoric of romanesque frescoes, however, by systematically erasing the identifying qualities of the characters who show themselves only as homuncules, made of similar stuff, smugly grimacing (or smiling), and whose attributes alone (crutches, bandages, clothes, trumpets, wings, crowns, lyres and other utensils) enable one to understand their roles and their discursive functions. In the end, this ensemble should be interpreted as an immense caricature, as the paradoxical result of a conviction and of an irony: what good is it to do something "in the manner of" and who would its audience be today? The answer, homeopathic, would be to "do as if" but with the help of stylistic procedures which already reveal their pastiche state. By lying twice, successively, one should finally manage to ask a few real questions about the reasons behind all that...

If there is excess in Ettl's work, it is an endogenous excess. Ettl's art oes not aim to extend beyond the fields of art and of esthetics, on the contary, it constantly tries to return to them, to confirm the somehow transcendental validity, within an obstinacy which forges its singularity.

It is hardly surprising then that what Ettl does is slightly askew and a little over-the-top. Ettl escapes all the modern or post-modern meta-discourses, since he is undoubtedly too disciplined to for that to happen (that is to say too implicated in his discipline). However, he resembles those horses which he often uses in his works: they are beautiful symbols of obedience, but liable to (shying, balk and buck.

Ramon Tio Bellido

Translated by Jane McDonald

1. *Art et architecture,* interviews extracts between Georg Ettl and Jean-Claude Lasserre, ed. Château d'Oiron/Script Editions, 1997.
2. Jean-Francois Dumont, *La saveur du réel, ibid.*
3. Jiri Svestka, *Georg Ettl: The Minimalist as Romantic,* in catalogue, Georg Ettl, Kunstverein Dusseldorf, 1990.
4. Ettl/Lasserre, *ibid.*
5. Jacques Soulillou, *Le Décoratif,* Ed. Klineksieck Esthéthique, Paris, 1990.
6. Successively, quotations from Charles Blanc, Adolf Loos and Robert Venturi in the work cited above.
7. Soulillou, *ibid.*

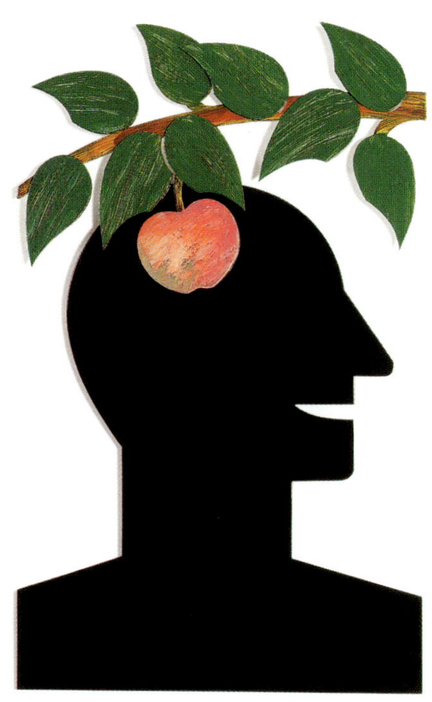

Adam (brillant), 1989

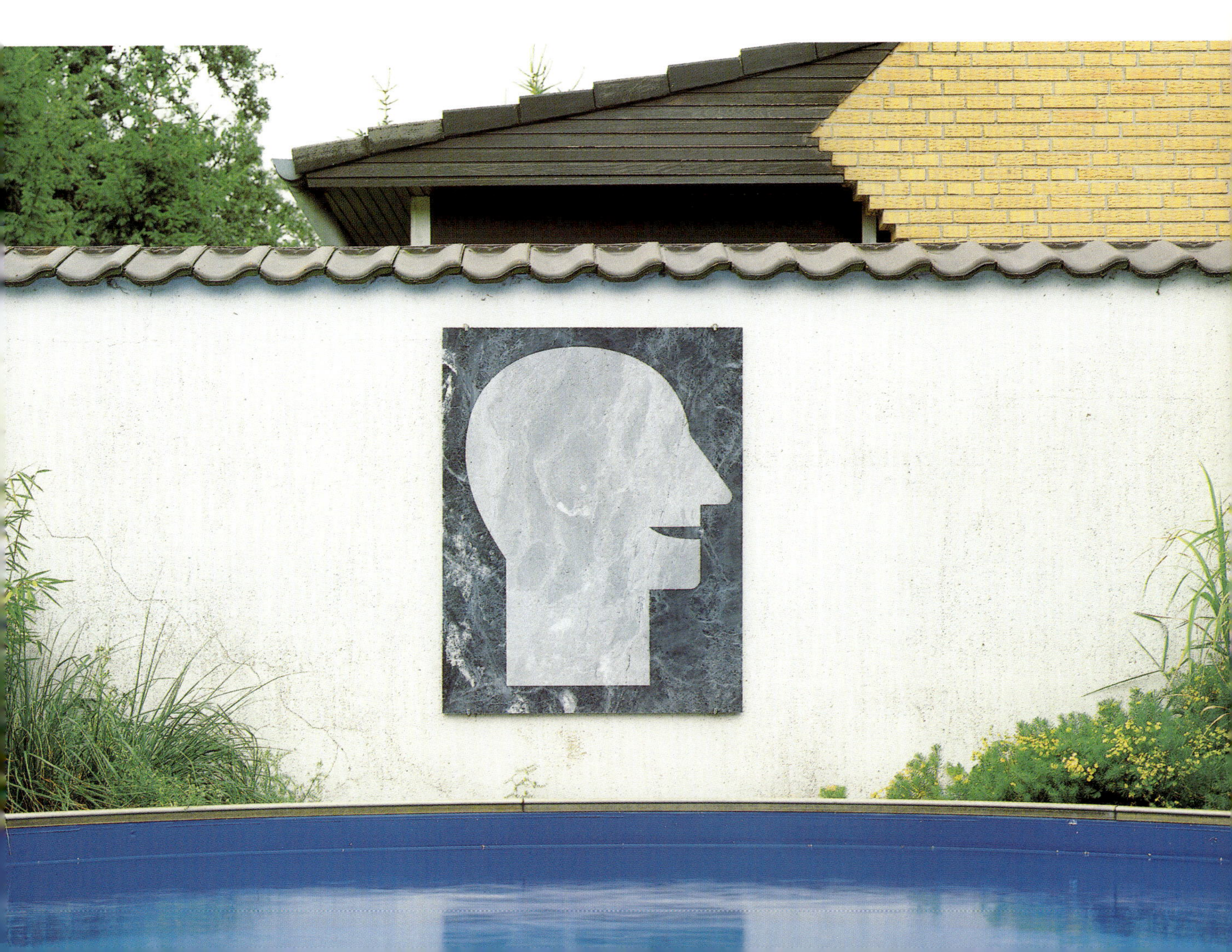

Tête debout, 1986

Tête debout, 1986

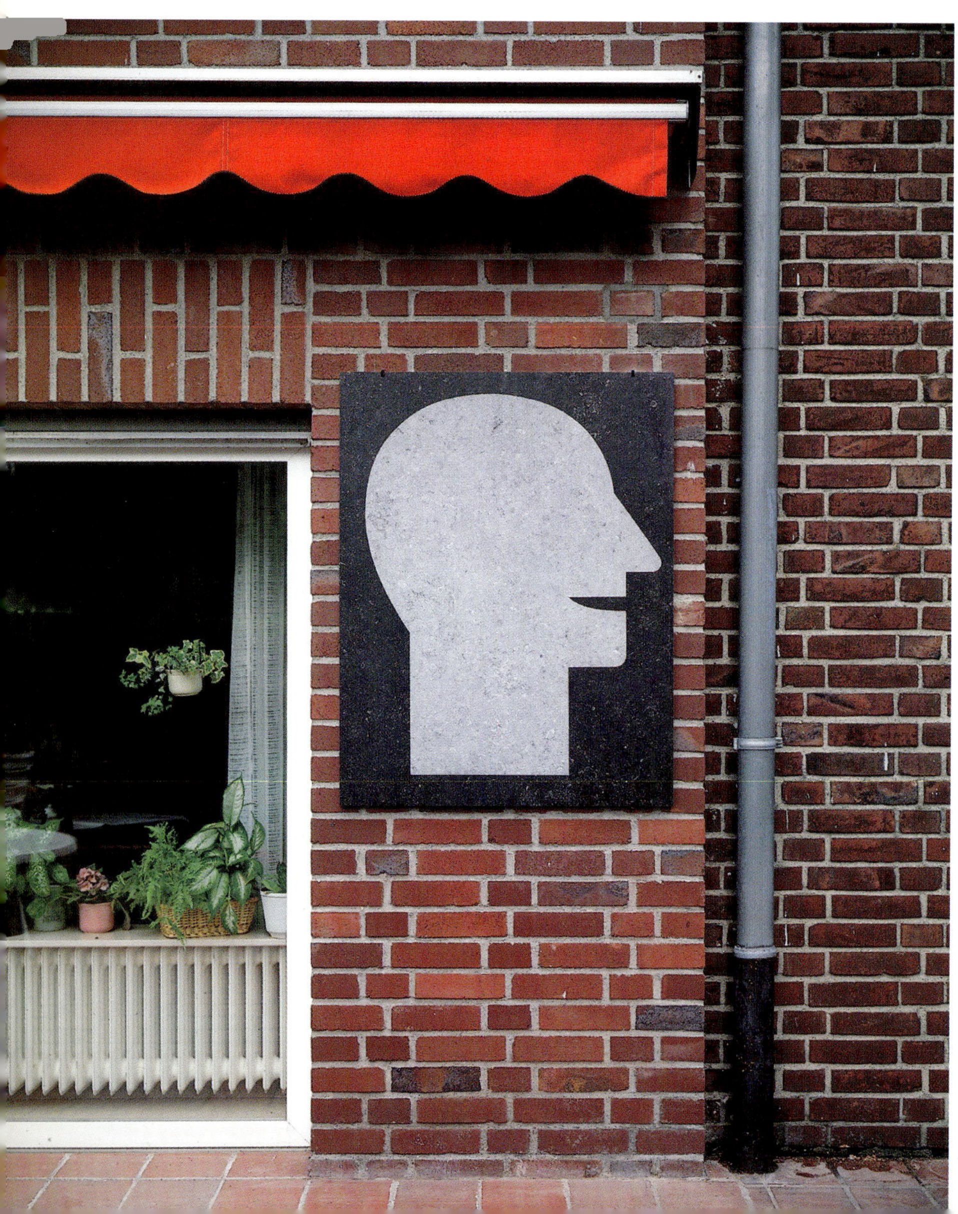

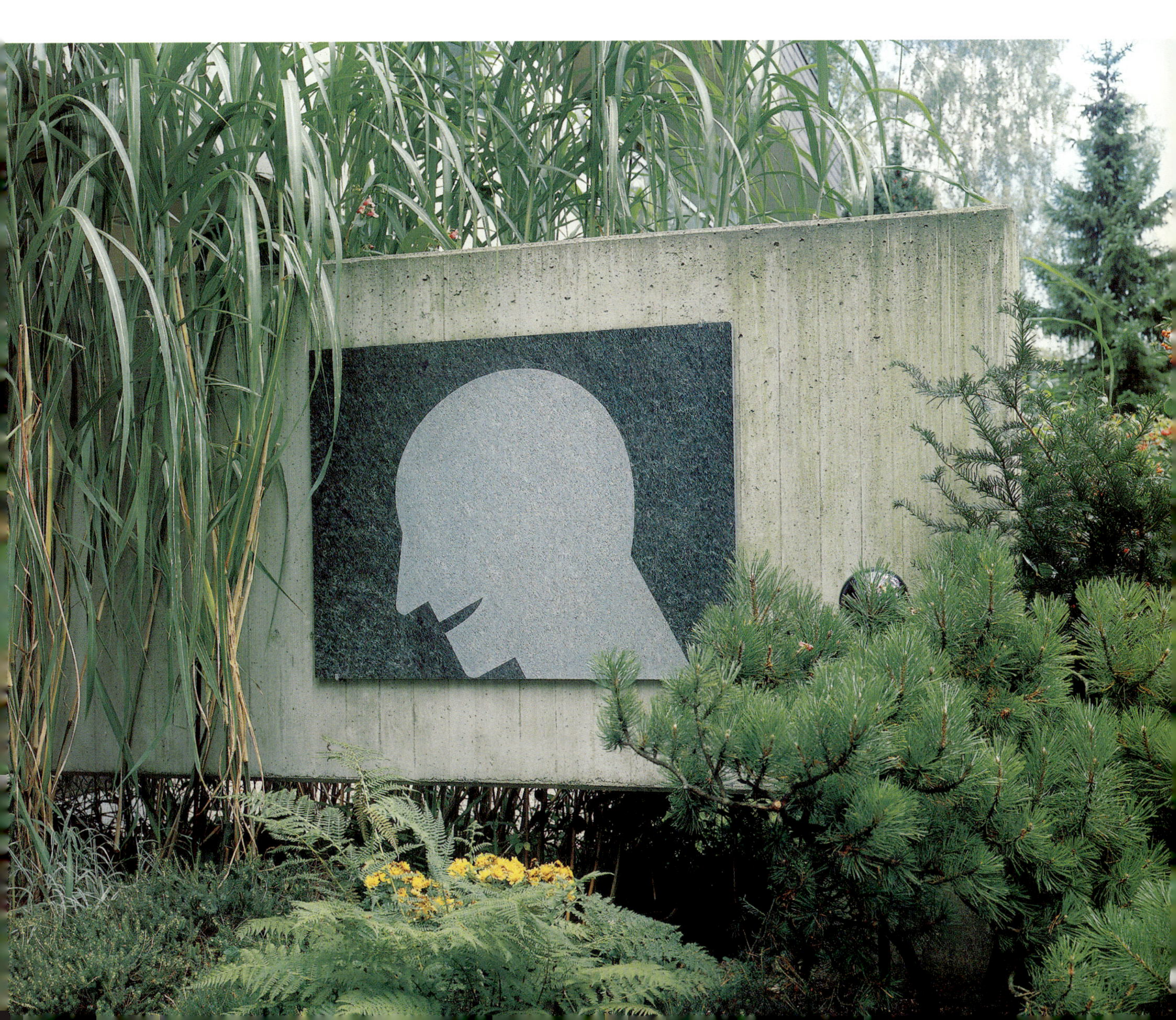

Tête inclinée, 1987

Tête debout/Tête couchée, 1987

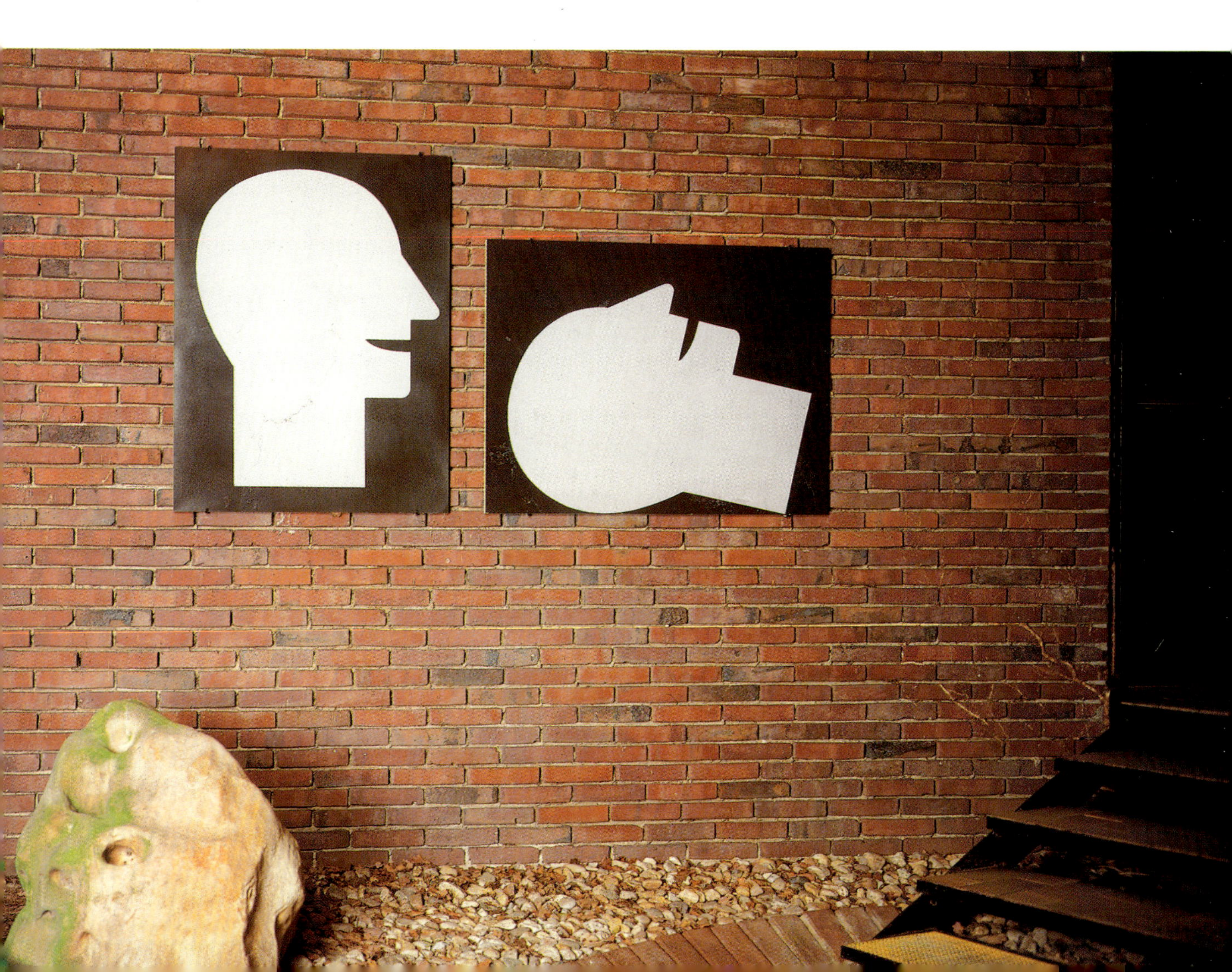

Vue de l'exposition "Schlaf der Vernunft",
Museum Fridericianum Kassel, Allemagne, 1988

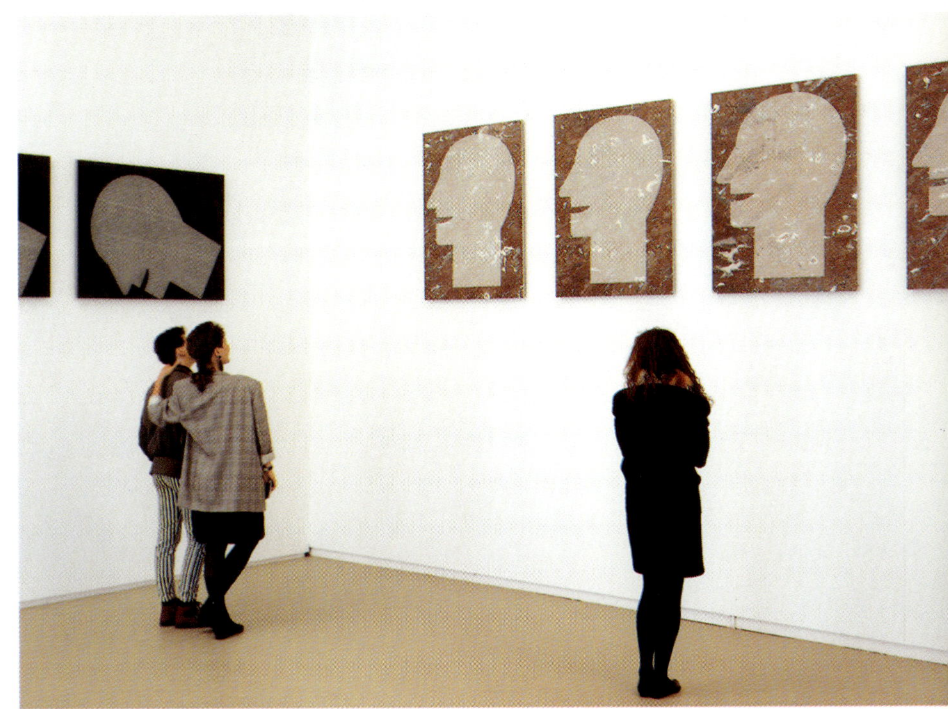

Frise de 28 têtes, Tribunal d'Euskirchen (Allemagne), 1995

Vue d'exposition à Grevenbroich (Allemagne), 1995

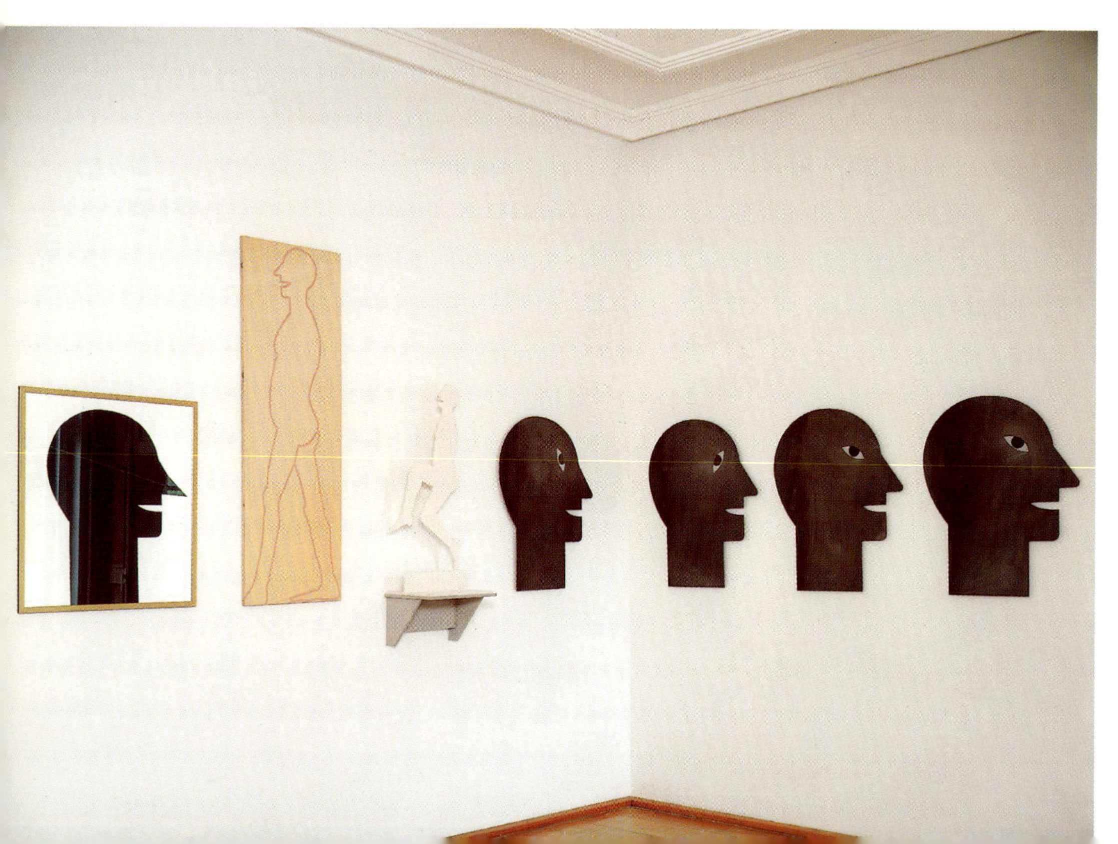

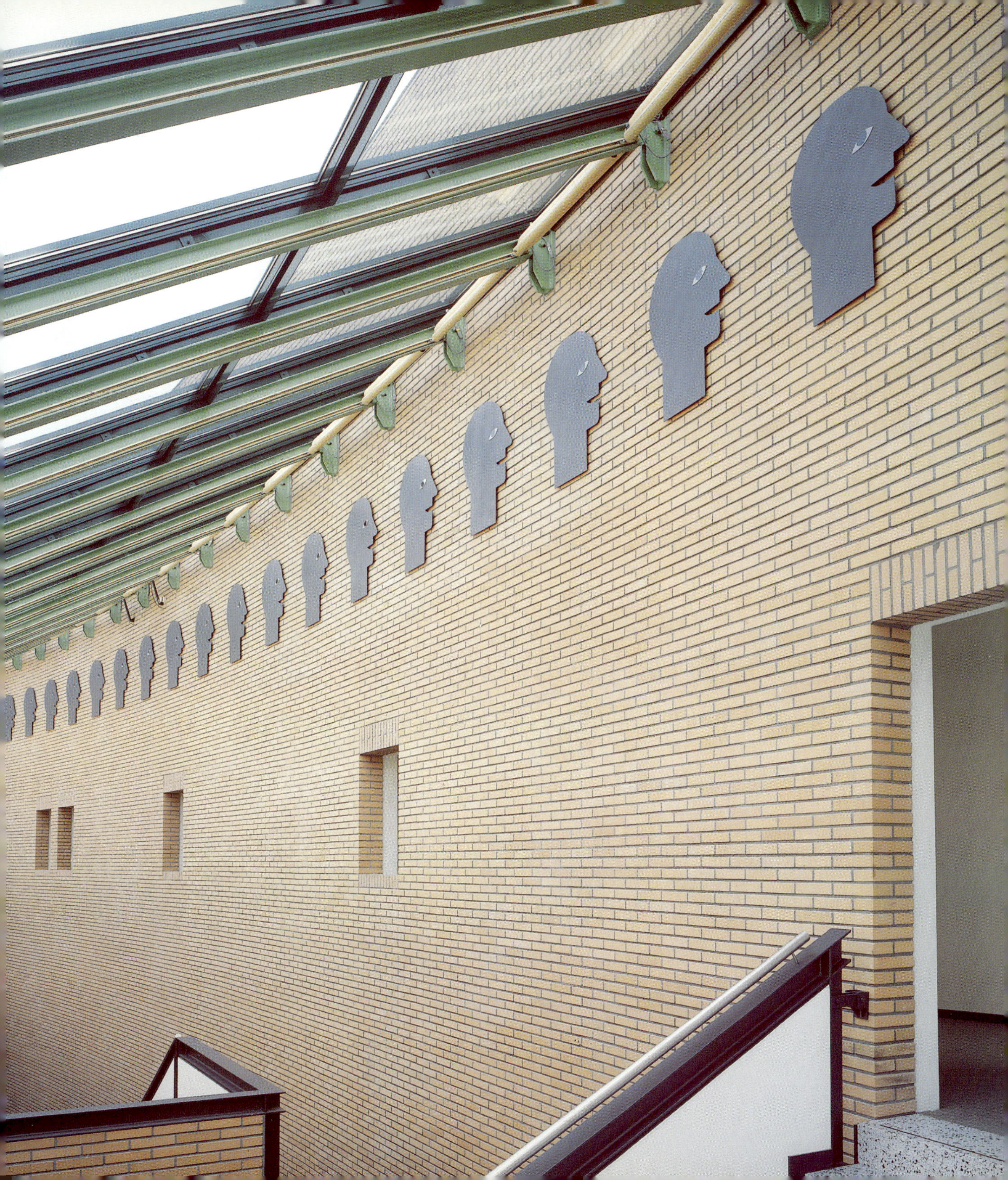

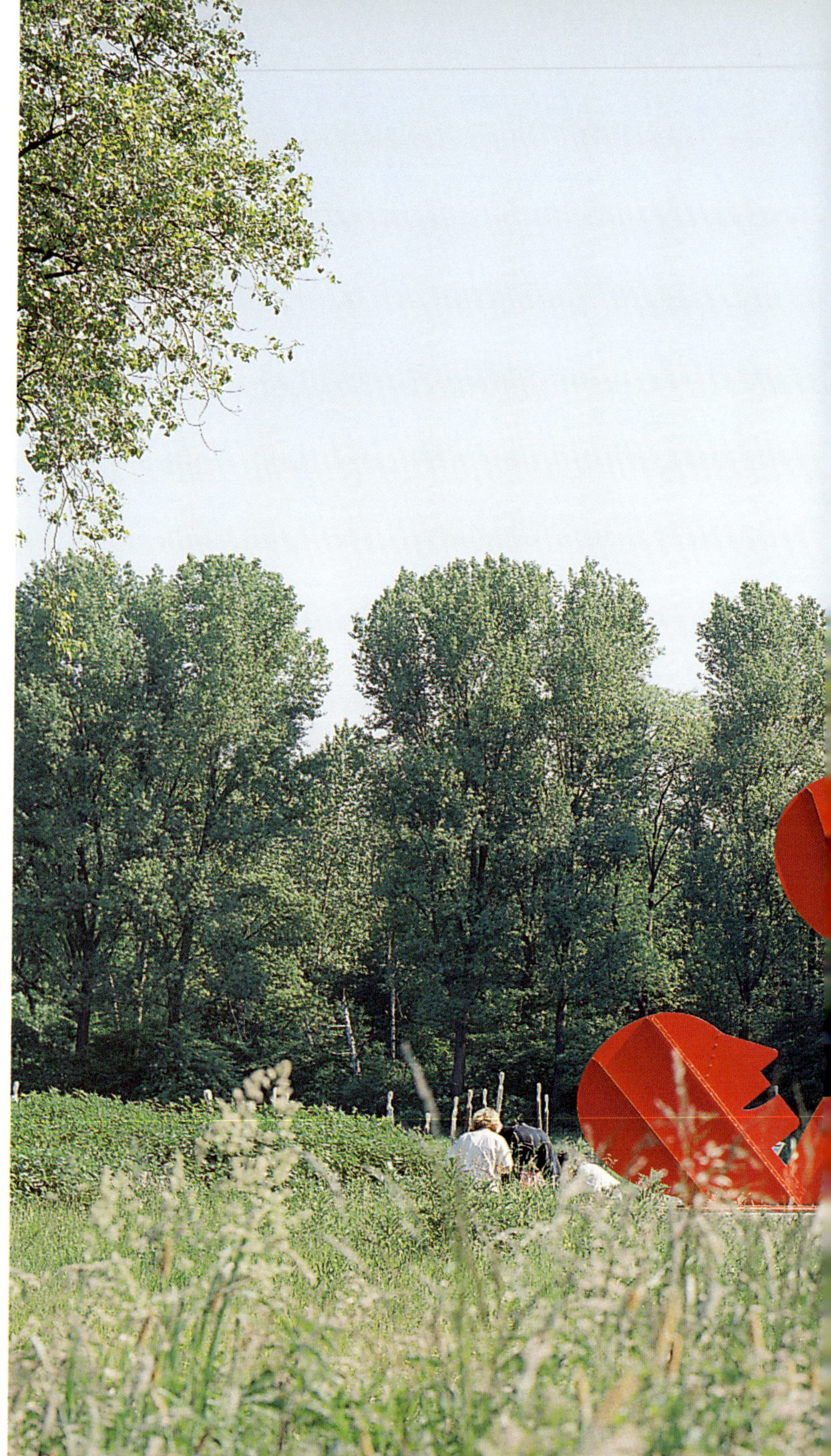

Grande roue,
Jardin de Grevenbroich
(Allemagne), 1995

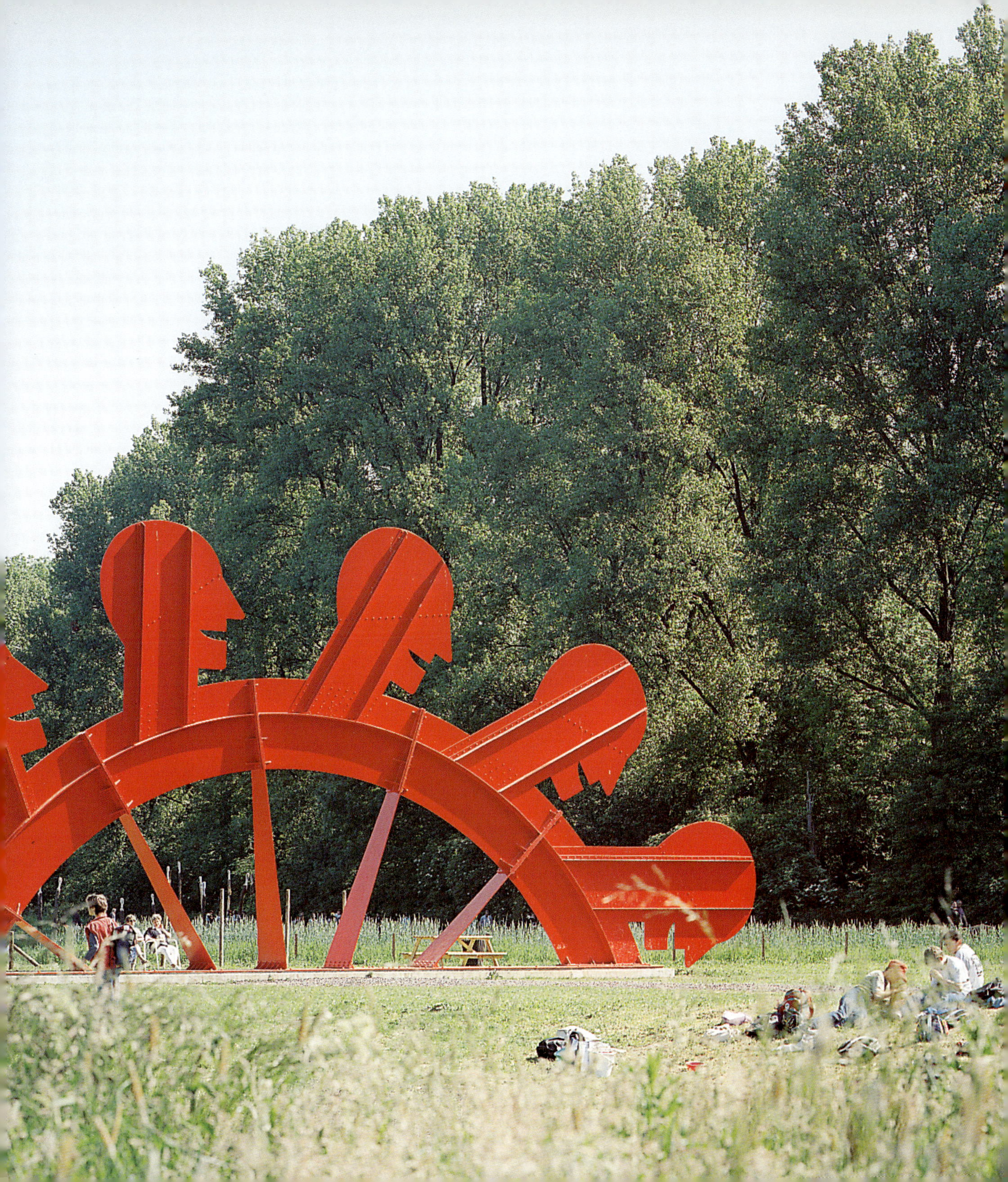

Les Chevaux d'Oiron Château d'Oiron. 1992-1993

Peinture murale au Château d'Oiron (Deux-Sèvres, France).
Pastel broyé appliqué au pinceau sur enduits anciens.

Mural painting for Château d'Oiron (Deux-Sèvres, France).
Ground pastel pigments applied by brush to extant wall rendering.

C'est dans le cadre d'une commande publique du Ministère de la Culture portant sur le Cabinet de curiosité que Georg Ettl est invité à intervenir sur le mur extérieur de la galerie gothique du Château d'Oiron. Il est simultanément sommé, par les Monuments Historiques, de réaliser une œuvre "réversible" (c'est-à-dire qui puisse être effacée).
Appelé à restituer le souvenir de l'ornementation de cette façade – créée par Claude Gouffier, écuyer du roi Henri II, en hommage à ses chevaux – Ettl s'est référé, pour élaborer son dessin, à l'inscription moyen-âgeuse figurant au centre de la galerie et stipulant la présence de chevaux "(les) plus renommés".
C'est ainsi qu'il reprend la ligne noire des marques de haras encore visibles et peint directement sur le mur huit chevaux "héraldiques". Ces derniers évoquent en effet une série d'emblèmes, dont le motif principal et ses variations, à la fois ludiques et ironiques, sont déclinés le long de la galerie.
L'artiste, soulignant dans ses déclarations l'importance des éléments figuratifs dans l'architecture gothique, a tenté, ici-même, d'en ranimer l'esprit.

In response to a public commission from the Ministry of Culture for an exhibition under the title of "Curios & Mirabilia", Georg Ettl was invited to make a work for the outside walls of the Gothic gallery wing of Oiron castle, evoking an original mural by Claude Gouffier, Henri II's equerry, in honour of his horses. One important condition laid down by the Historical Monuments Committee was that the work be reversible; i.e. removable without damage to the support.
Georg Ettl took his inspiration from a medieval inscription in the middle of the gallery, boasting that here were the "most renowned" of horses. Following the still visible black marks left by the outline of the former stables, he painted eight heraldic horses directly onto the wall, thus creating a series of playful and ironic variations of his model along the gallery exterior and at the same time physically illustrating his own declarations on the importance of figurative representations in Gothic architecture.

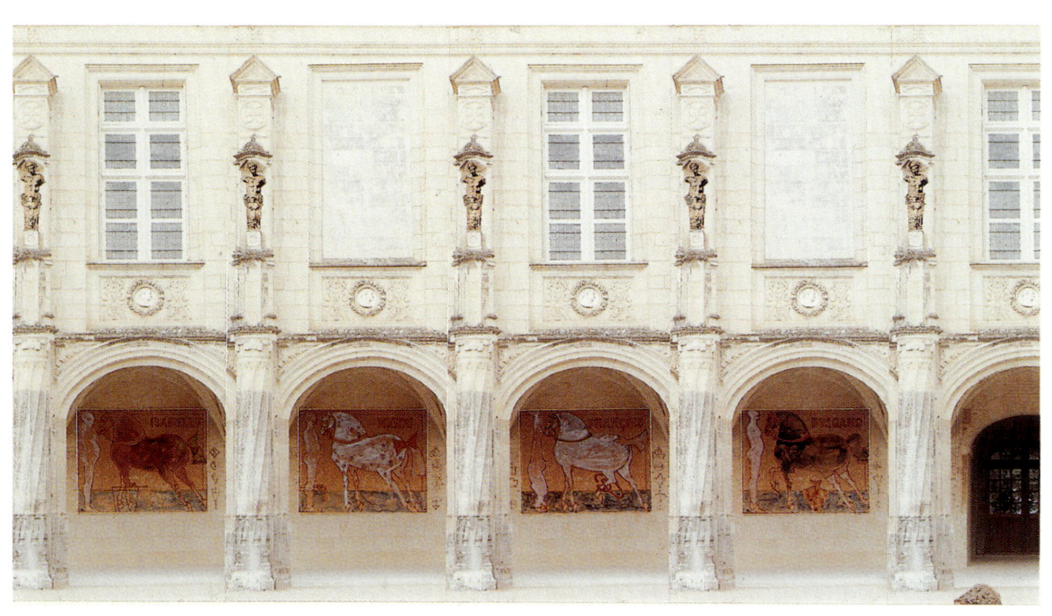

Étude préparatoire II (Chevaux d'Oiron), 1991

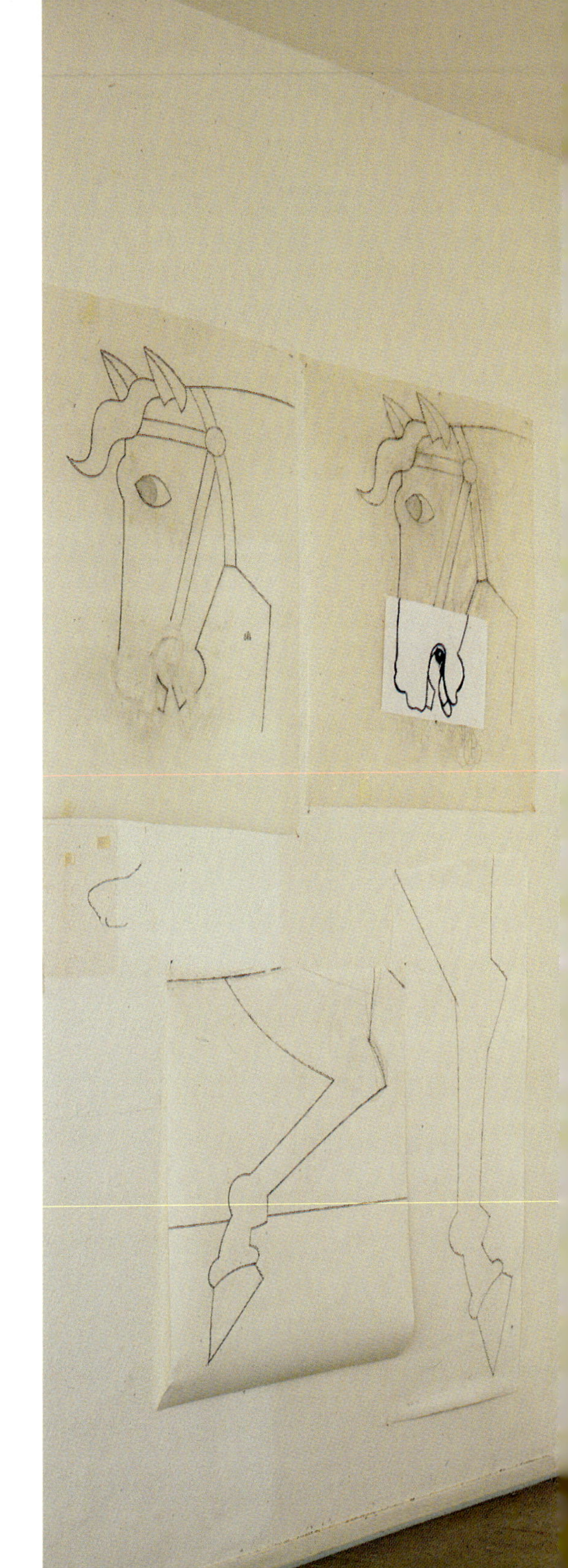

Vue d'atelier, 1992

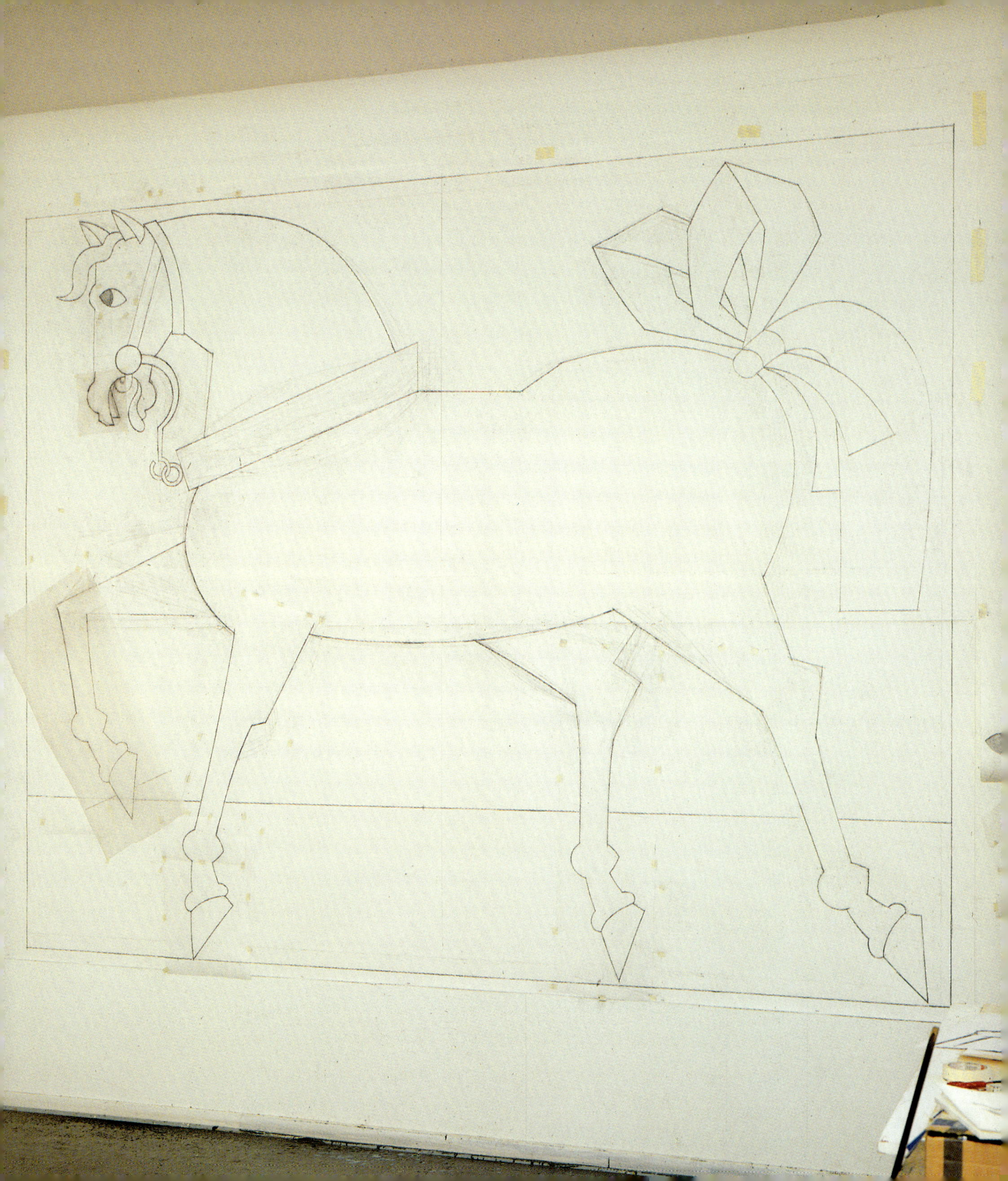

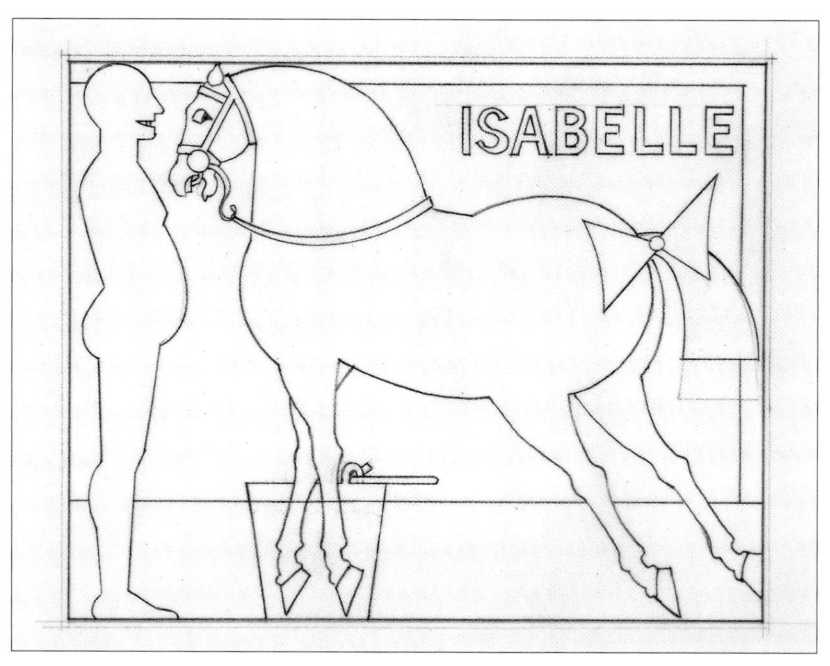

ISABELLE

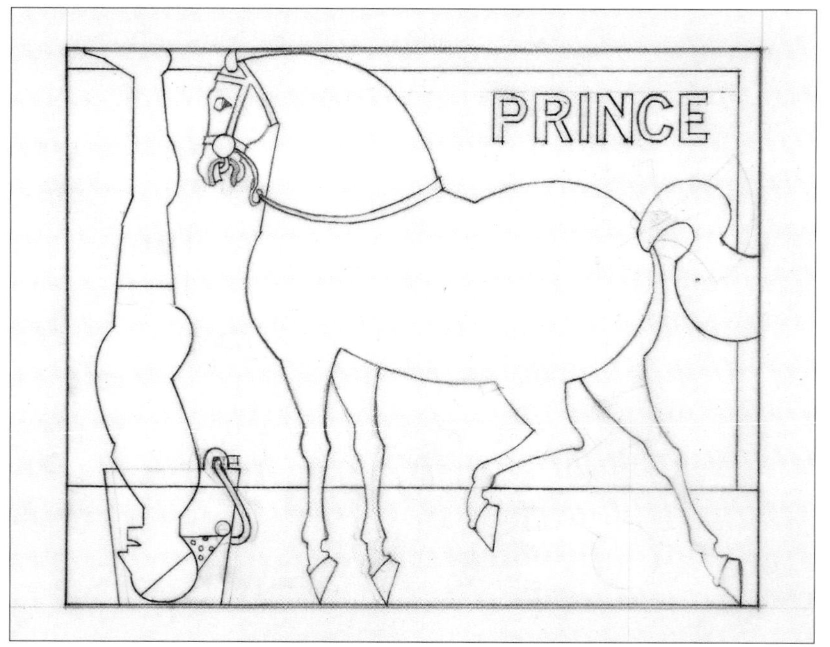

PRINCE

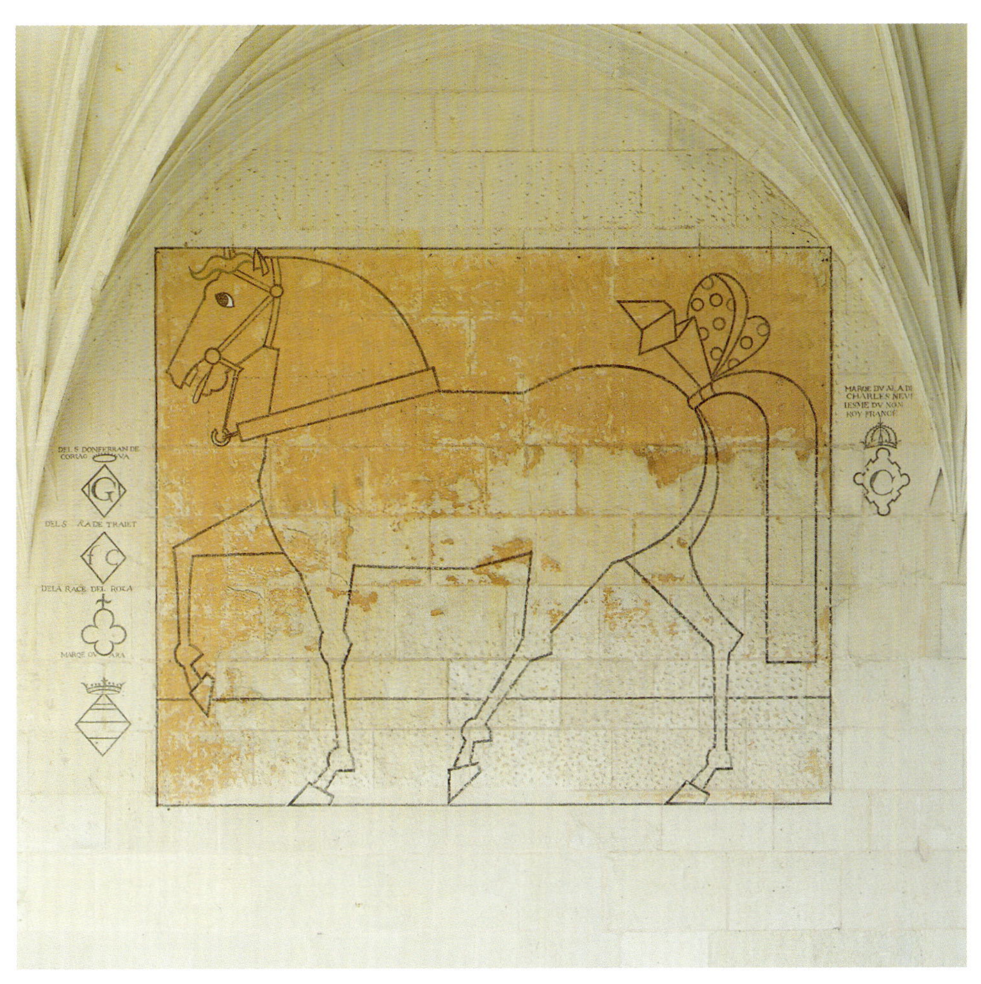

Les Chevaux d'Oiron (détail), 1991-1993

Études pour les Chevaux d'Oiron, 1991

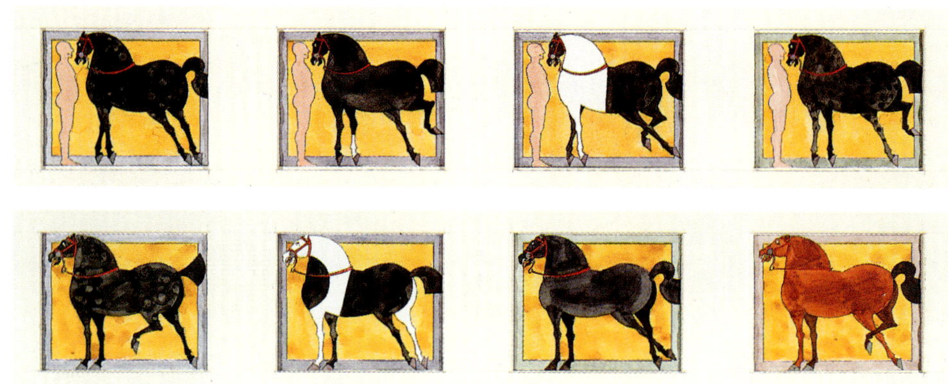

Études pour les Chevaux d'Oiron, 1991

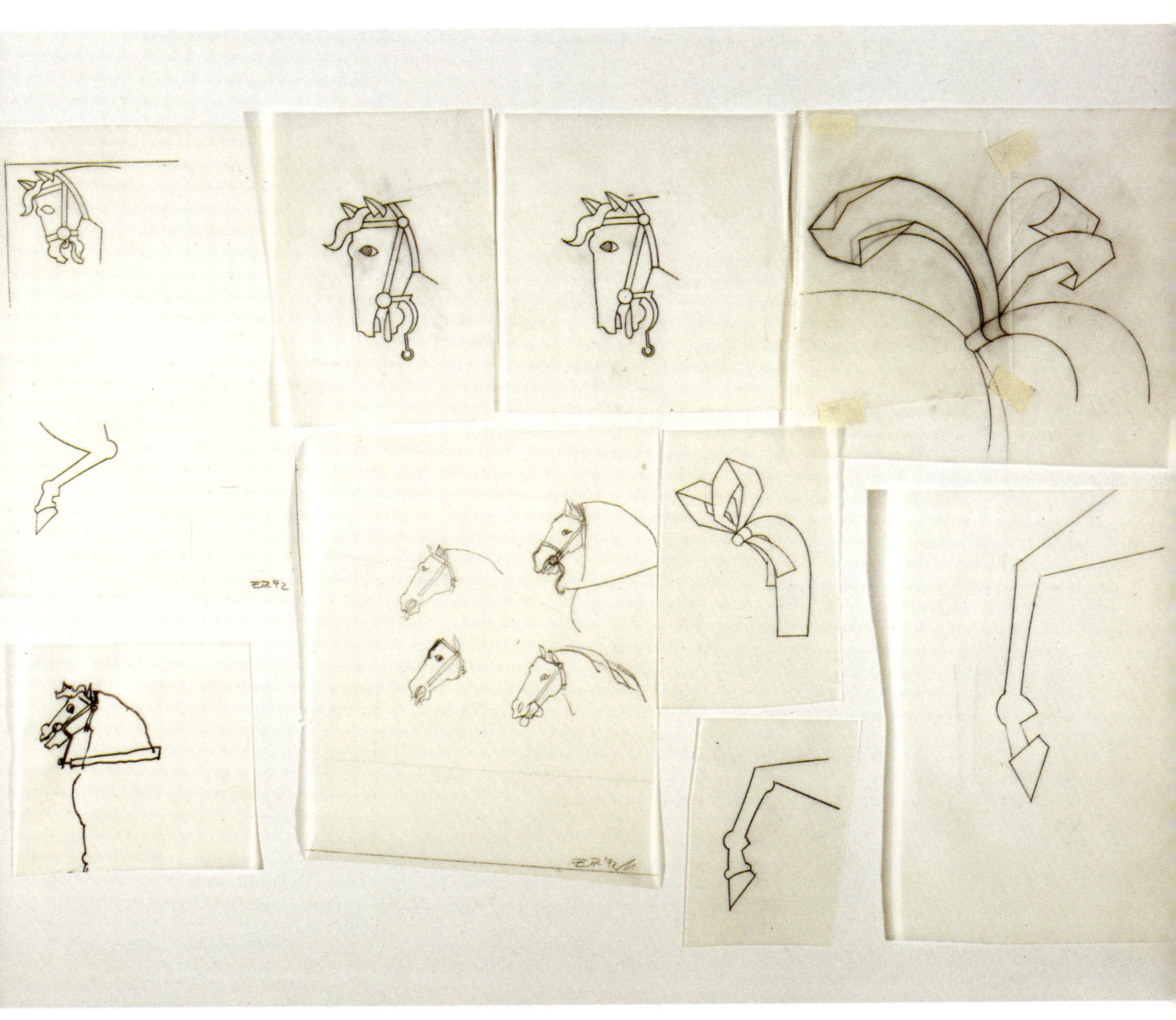

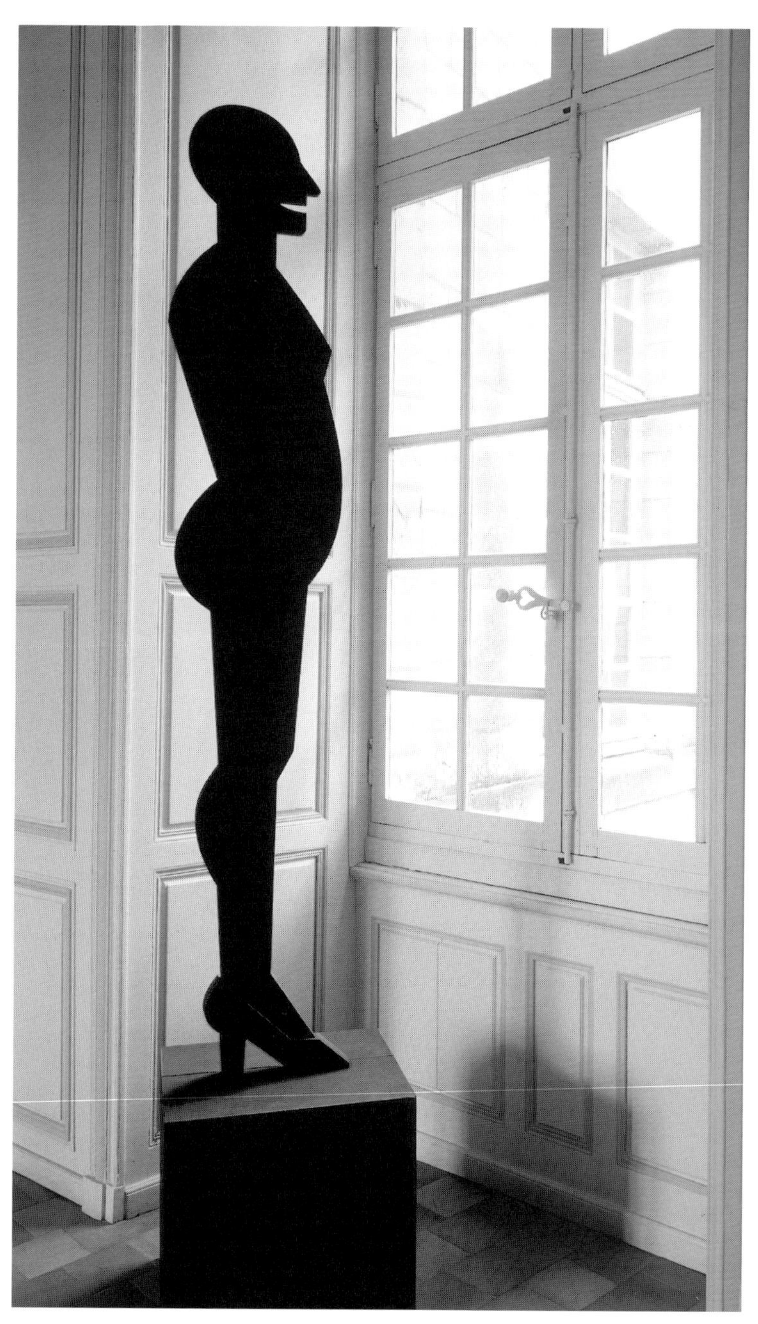

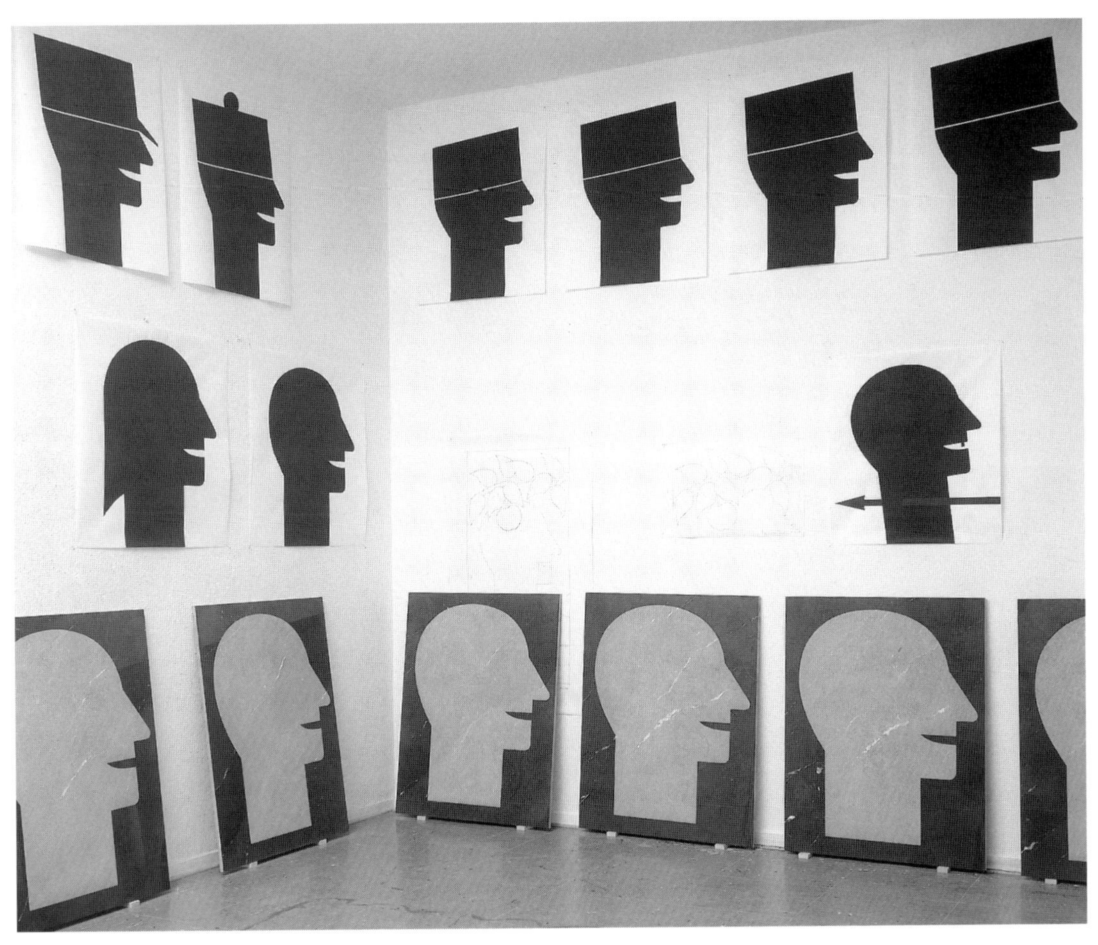

Vue d'atelier, 1989

Humain sur socle, 1994

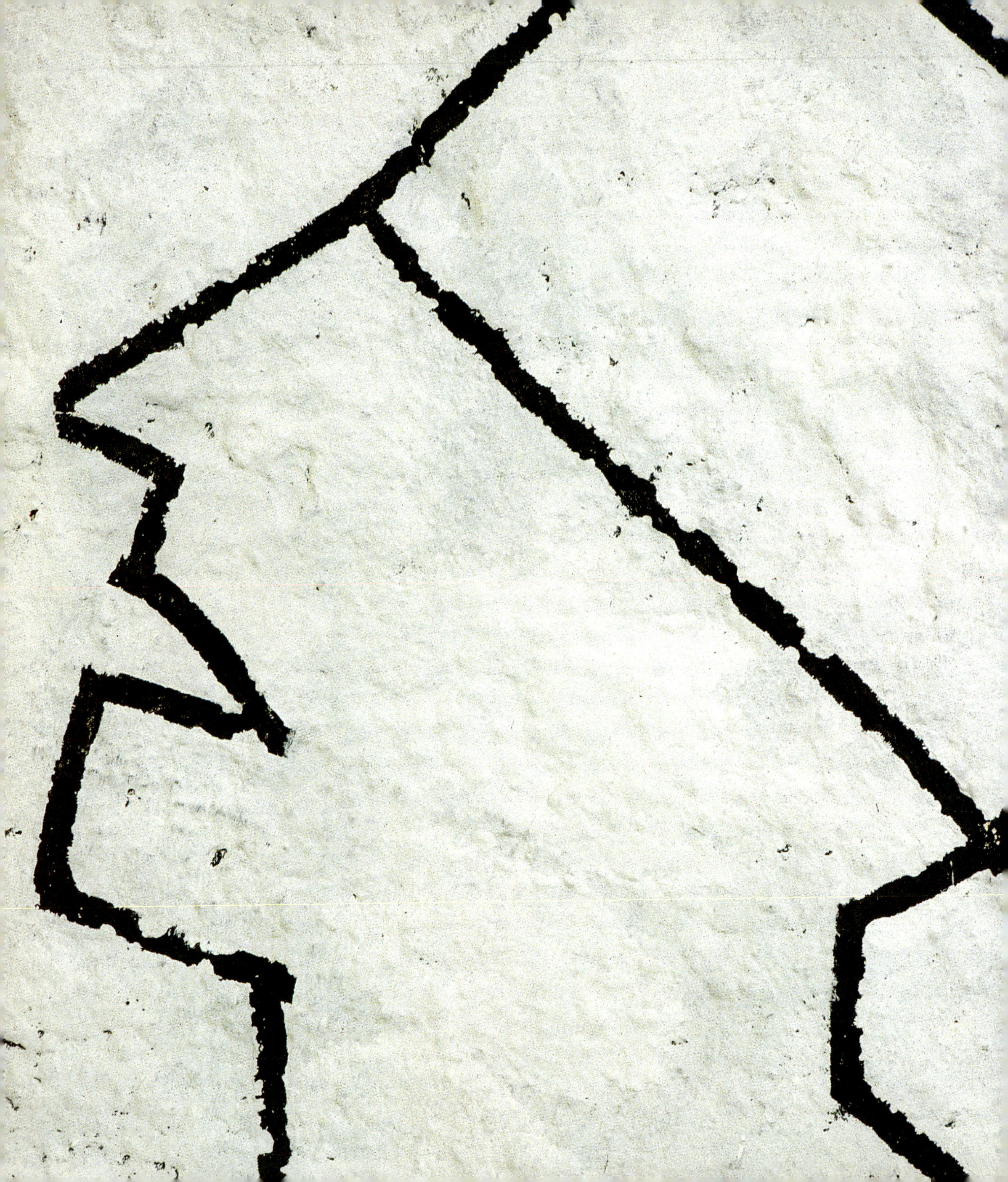

Apocalypse, La Chute de Babylone (détails), 1995 et *Femme d'après Picasso*, 1979
Galerie Jean-François Dumont, Bordeaux (France), 1995-1996

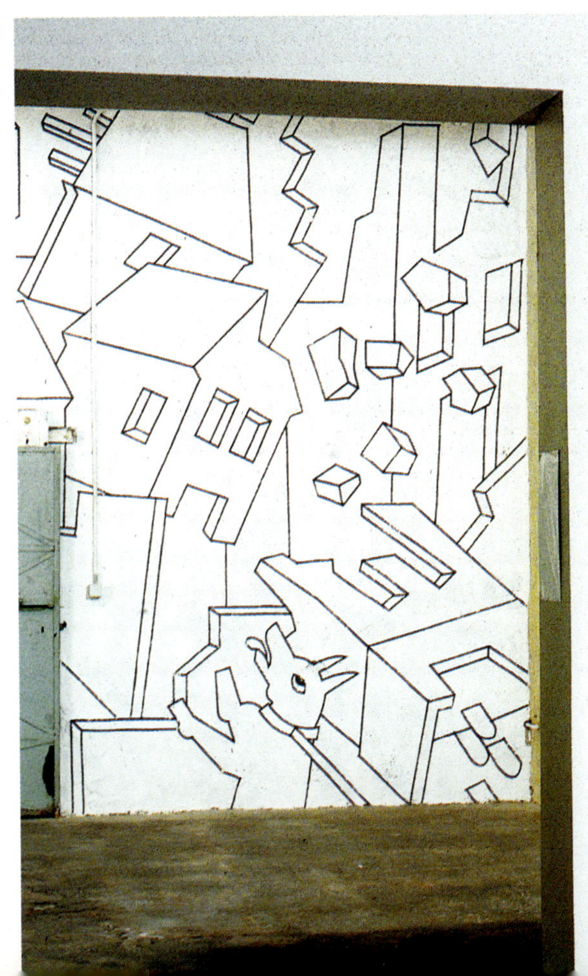

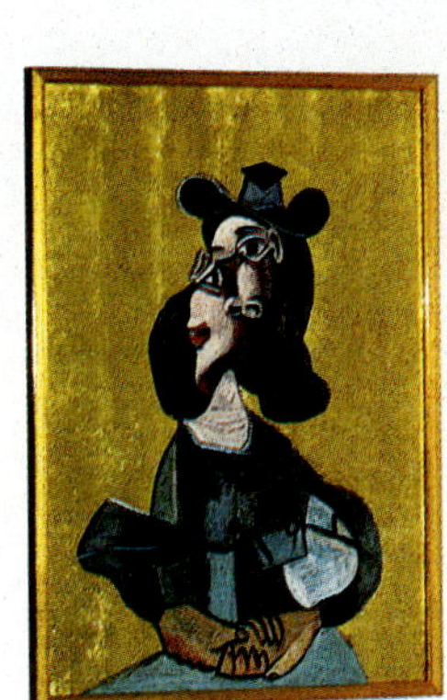

Heilig Geist Kirche Neuss. 1992-1999

Design intérieur et peinture de l'église du Saint-Esprit, incluant le baptistère, à Neuss (Allemagne). Peinture murale, reliefs découpés, tôles émaillées, fenêtres, buffet d'orgues, autel, bancs, fonts baptismaux, chandeliers.

Interior decoration and painting of the Heilige Geist (Holy Ghost) Church and baptistry at Neuss (Germany). Mural painting, cut-out relief work, enamelled metalplate, windows, organ case, altar, pews, baptismal fonts, candlestick holders.

Contacté par l'abbé d'une église catholique construite dans les années 80, Georg Ettl est chargé d'en repenser complètement l'aménagement intérieur – mobilier et éclairage compris – avec pour condition essentielle de proposer une œuvre "lisible". La représentation quasi-logotypique de la figure humaine chez Ettl – figure simplifiée, mécanisée, vue de profil – sera alors largement convoquée pour dérouler en trois bandeaux principaux les scènes des Evangiles. L'artiste utilise en effet la fameuse silhouette comme un signe, qu'il va multiplier, moduler et combiner à loisir, développant, à même le mur et dans l'espace, une narration, qui, bien que complexe s'agrémente d'une lecture fluide et "divertissante". Divertissante car, en dépit de leur schématisme, les personnages représentés présentent un caractère humain les laissant apparaître tantôt espiègles tantôt gouailleurs, autant cruels que victimisés, mutilés, mais toujours volontaires, coopératifs, parfois encore, sous l'effet d'un enchantement. La continuité créée entre peintures et reliefs, murs latéraux et chœur, alliée au caractère gai et lyrique de l'ensemble achève de transformer le récit biblique en symphonie visuelle. Quant au baptistère, ses murs seront habités de neuf représentations du labyrinthe – métaphore de la quête et ses épreuves – selon différentes cultures, mythes ou croyances.

Georg Ettl was asked by the abbot of a catholic church built in the 80s to completely redesign the building's interior, including all furniture and lighting, so as to produce a coherent whole. Ettl accomplished this by using an almost logo-like representation of the human figure - a simple, mechanical profile – cloned and combined in three complex friezes of flat or relief figures that dextrously tell stories from the Gospel with clarity and humour. Their entertainment value comes from the variety of human emotions Ettl manages to extract from his simplified figures; cunning, cocky and cruel, victimised or wounded, the figures always seem enthusiastic, harmonious and sometimes even spellbound. Ettl achieves a certain fluid unity between two- and three-dimensional representations running along side-aisle walls and choir, creating a joyous visual symphony of voices recounting stories from the Bible. In the church baptistry, Ettl made nine mazes for the walls, inspired by different cultures, mythologies or religions, the maze being a metaphor of the Quest and its concomitant ordeals.

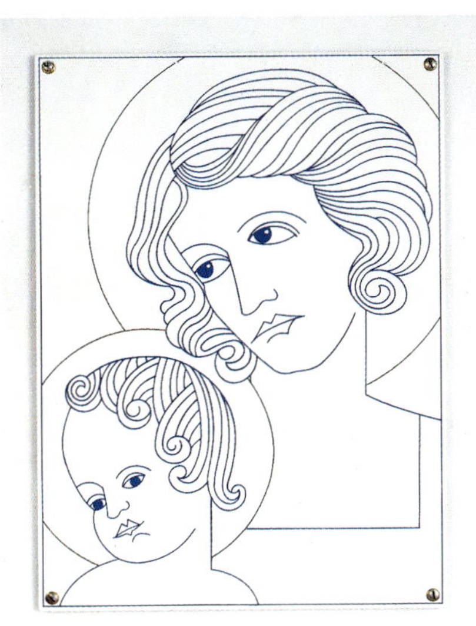

Madone à l'enfant, 1998

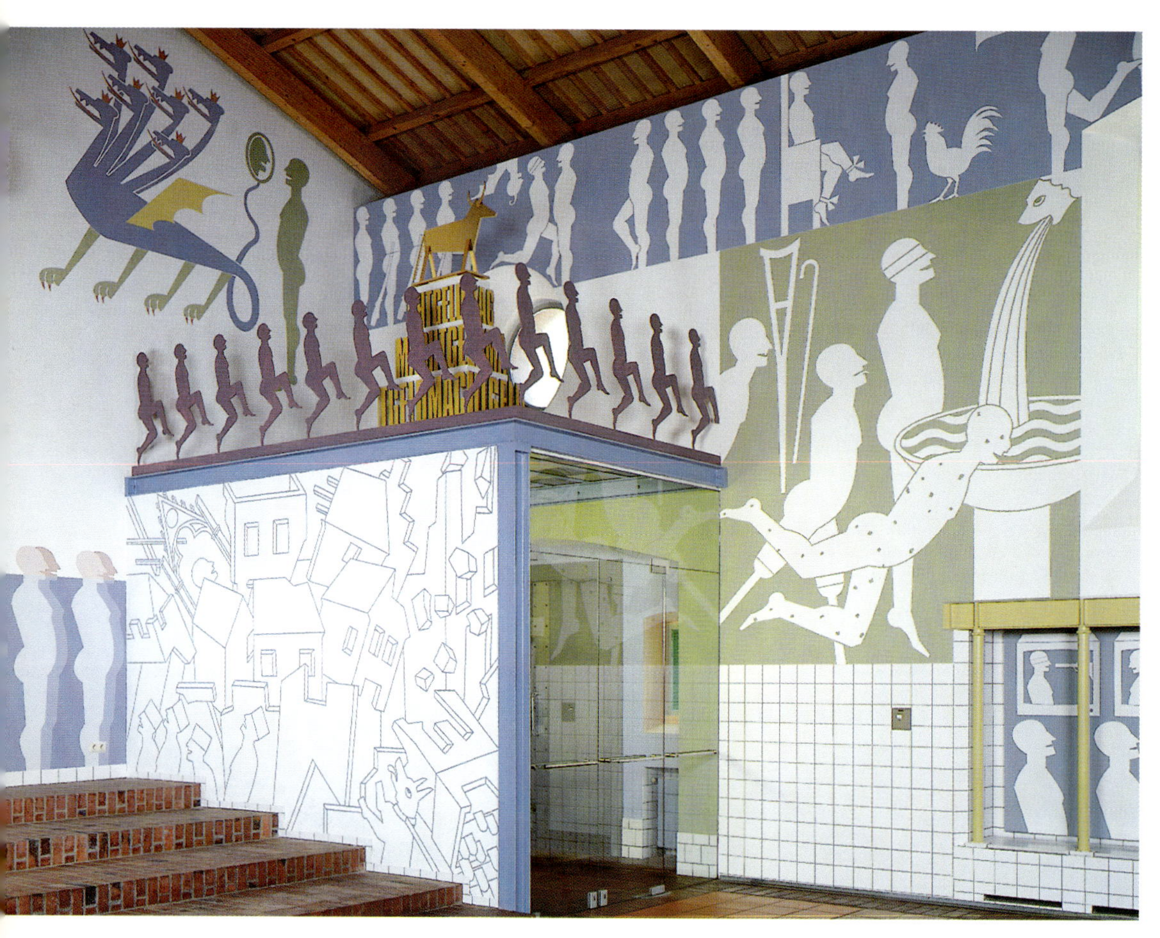

Église du Saint-Esprit, Neuss (Allemagne), 1991-1999
(détail de la *Danse autour du Veau d'or*)

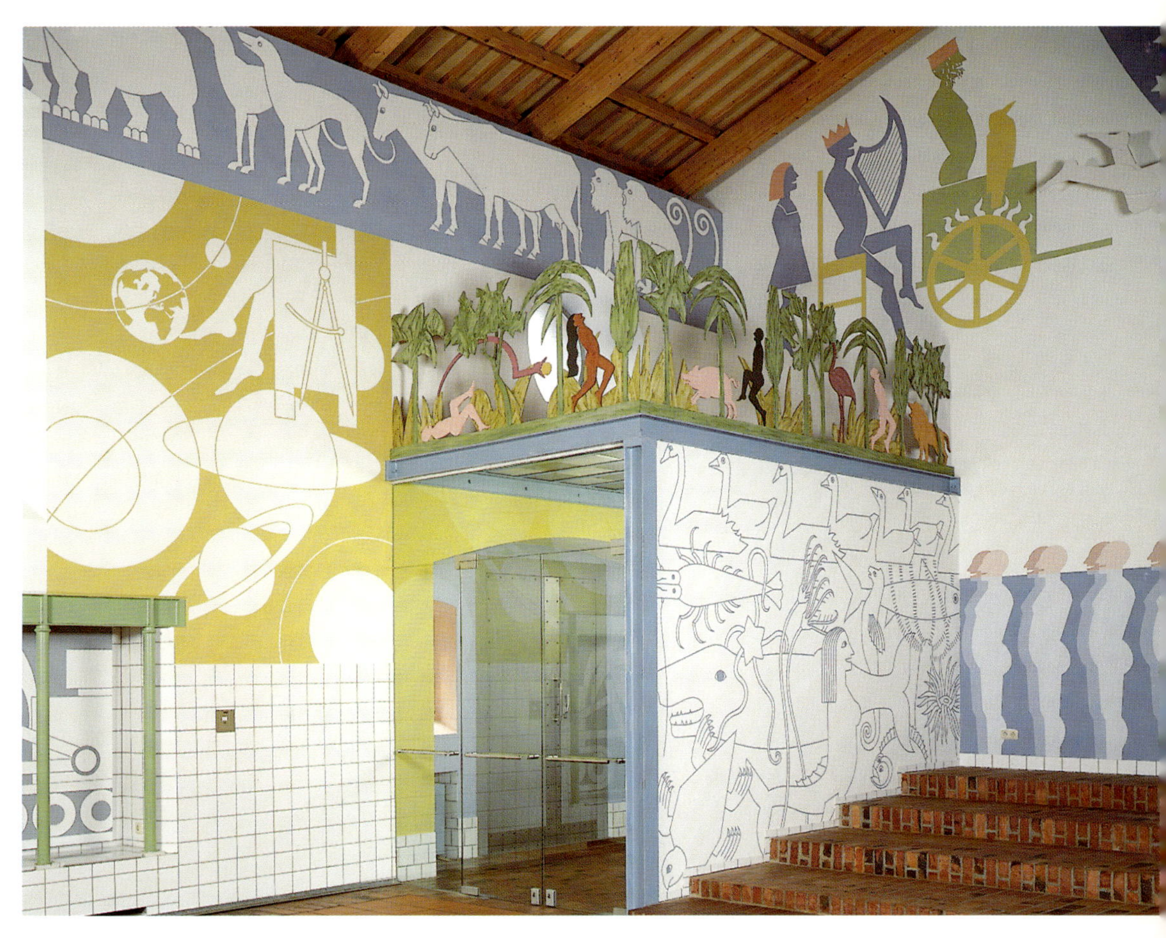

Église du Saint-Esprit, Neuss (Allemagne), 1991-1999
(détail du Paradis)

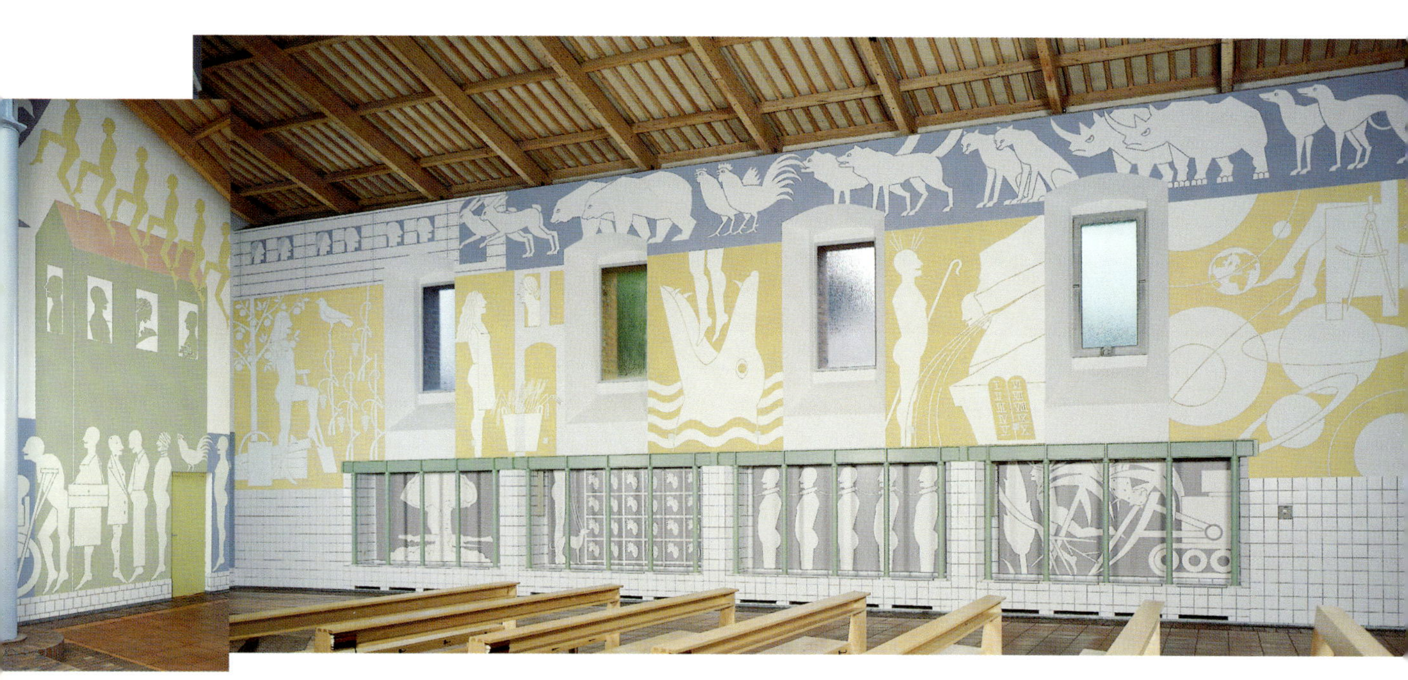

Église du Saint-Esprit (détail du mur de l'Ancien Testament), 1991-1999

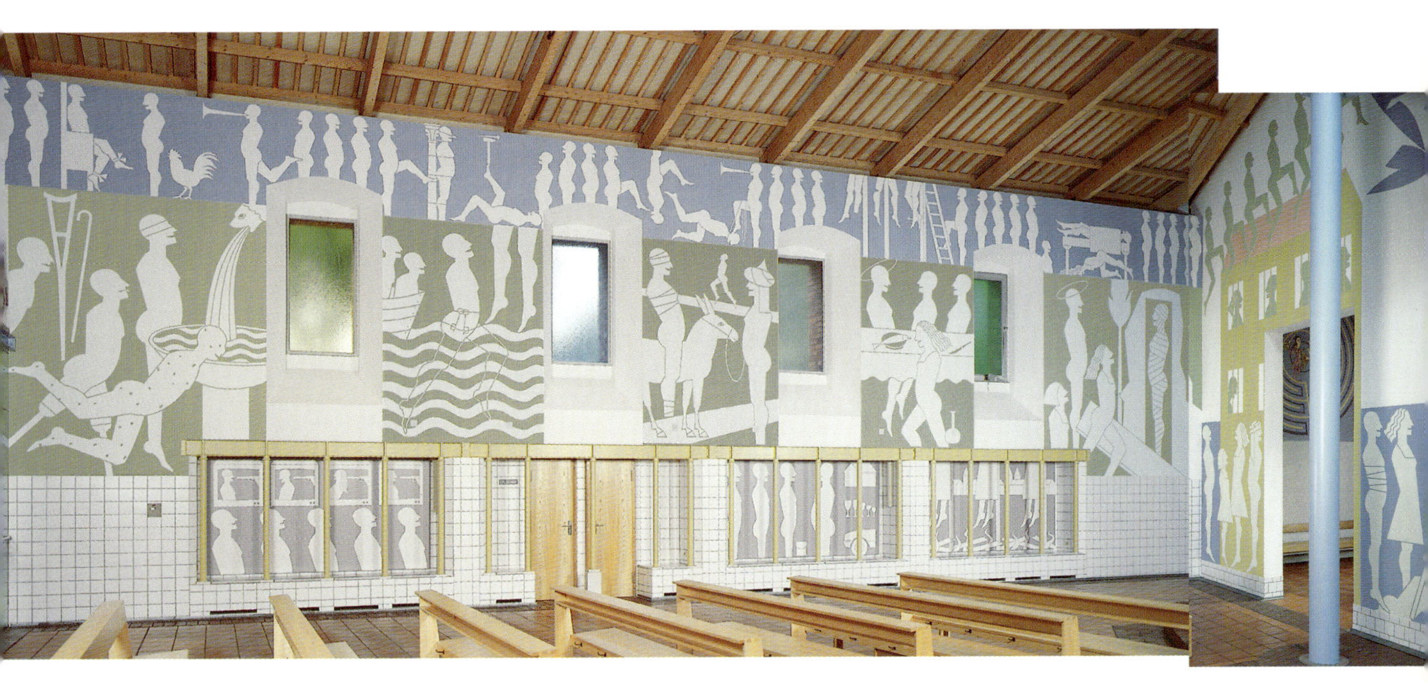

Église du Saint-Esprit (détail du mur du Nouveau Testament), 1991-1999

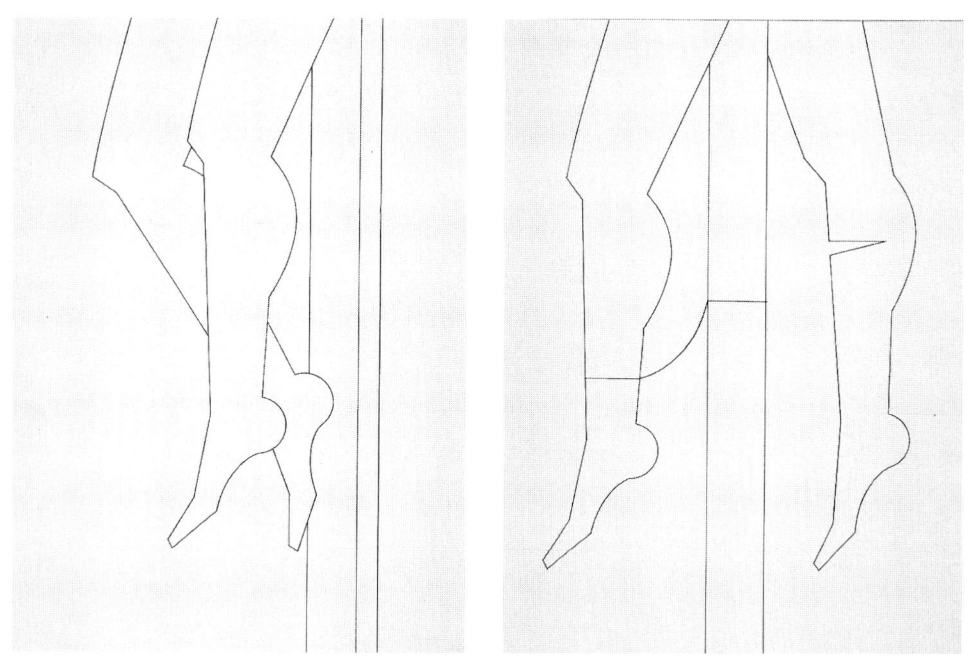

Études pour *Suppliciés*, 1995

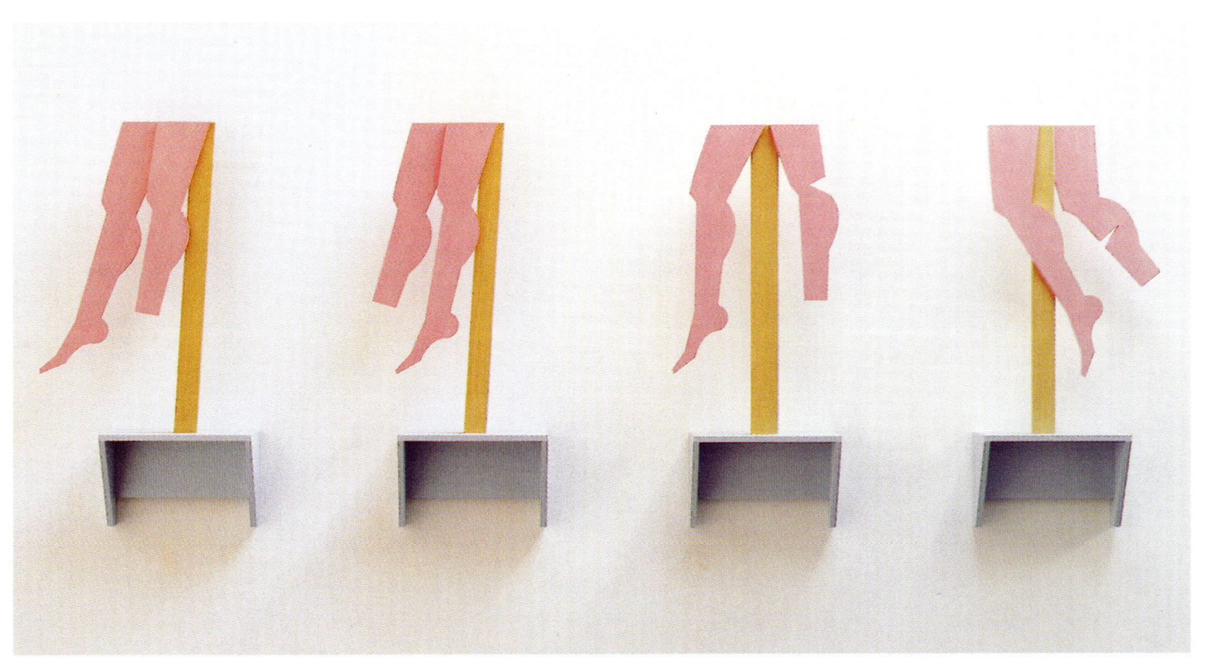

Suppliciés, 1995

Projects Karlsplatz and Museumhof   Krefeld. 1991-1992

Nouveau design pour les environs du Kaiser-Wilhelm-Museum à Krefeld (Allemagne).
New design for area around the Kaiser-Wilhelm-Museum at Krefeld (Germany).

Invité par la ville de Krefeld à concevoir un projet pour la revalorisation des alentours du Kaiser-Wilhelm-Museum, Georg Ettl envisage la possibilité de rétablir la place existant originellement au XIXᵉ siècle et aujourd'hui disparue. Le projet étant jugé trop ambitieux par la municipalité, Ettl s'employe alors à repenser la cour du musée.
Il fait recouvrir le sol d'une pierre naturelle alliée à un béton incrusté de cailloux, surface d'où émergent discrètement des figures. Cette sculpture horizontale "praticable" n'est pas sans rappeler les premières sculptures de l'artiste, qui, dans les années 70, ont entretenu un rapport équivoque à l'art minimal. Proches de ce dernier sur le plan du volume et du rapport à l'espace environnant, elles s'en éloignent irrémédiablement par leur attachement affirmé à une potentialité métaphorique.
Mais surtout, dans le prolongement de l'idée initiale qui était d'ouvrir l'espace, Ettl propose de remplacer les murs d'enceinte de la cour du musée par une simple grille surmontée de corbeaux.
Ces oiseaux, silhouettes noires se découpant fièrement sur le ciel, sont une allusion directe au nom de "Krefeld", qui signifie en allemand "le champ de corbeaux". Pour la ville et sa population, ces corbeaux d'acier font aujourd'hui figure de symbole.

Following an invitation by Krefeld town council to improve the setting of the Kaiser-Wilhelm Museum, Georg Ettl initially proposed reviving and replicating a former 19th century town square that had once existed in front of the museum. This was considered too ambitious by the town council, so Ettl restricted himself to redesigning the museum courtyard.
He laid down a natural stone floor combined with pebble-incrusted concrete. Figures discretely emerge from this accessible, horizontal sculptural space, not unlike Ettl's early work in the 70s which toyed with minimalism; addressing the same issues of volume and relationship to surroundings, but palpably different in the way they exploited potential references and metaphor. Above all, in an effort to open up the courtyard, Ettl replaced the boundary walls by a simple fence surmounted by steel sculptures of crows. Their dark silhouettes stand out against the sky as a symbol of civic pride for the citizens of Krefeld, reminding them that the town's name means "Crow Field" in German.

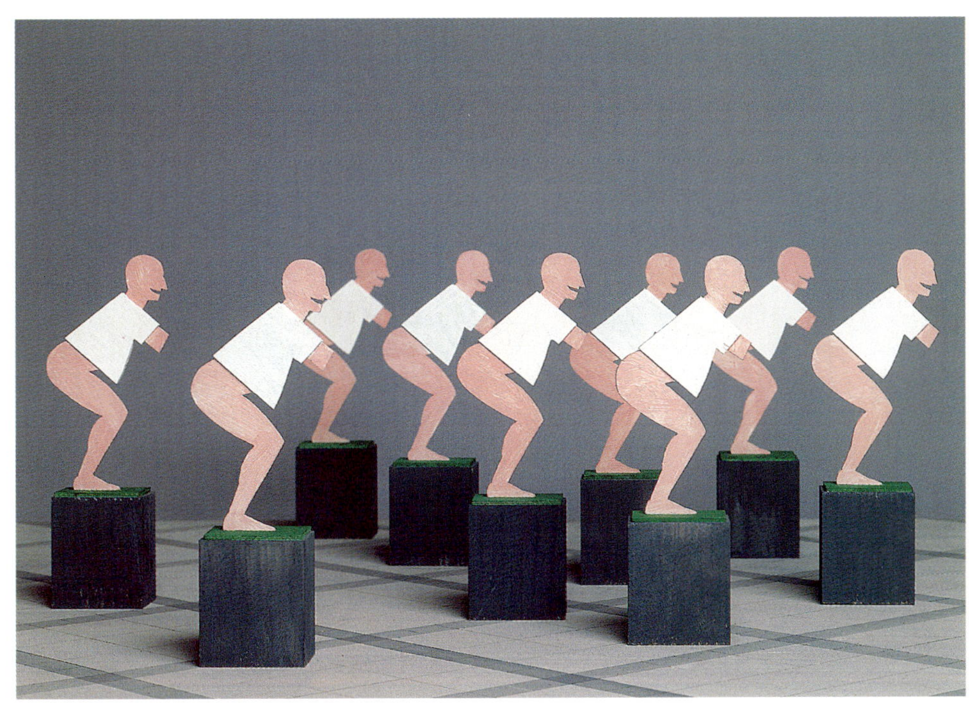

Plongeurs (maquette), 1990
projet pour la Karlsplatz de Krefeld, Allemagne

Grilles, cour du Kaiser Wilhelm Museum de Krefeld (Allemagne), 1997

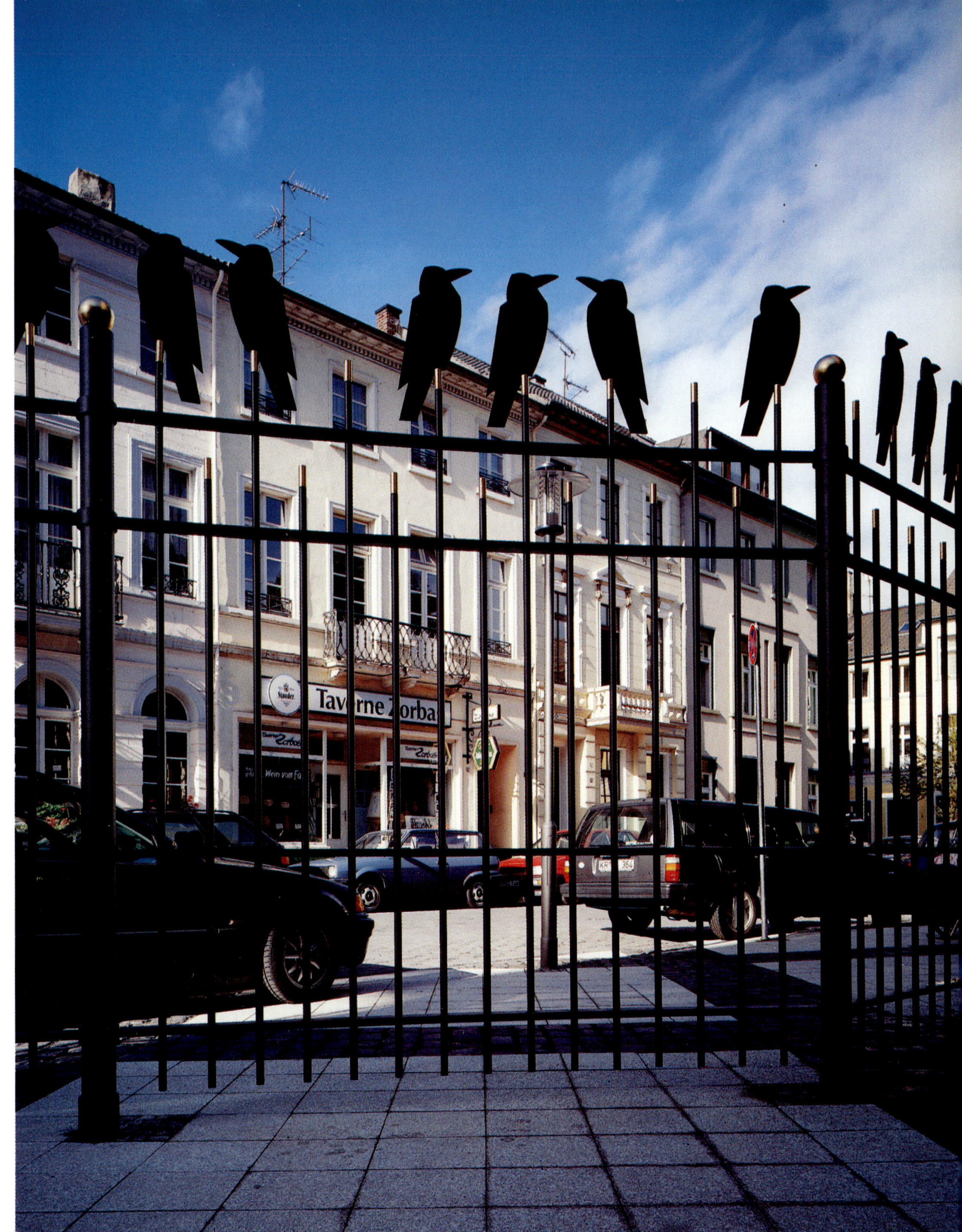
Tave ne Zorba

L'Apocalypse   Saint-Barnard. Romans. 1997-2000

Six vitraux de la façade occidentale de la collègiale Saint Barnard à Romans (Drôme, France).
Verre soufflé, plomb, étain. Vitrail rond : diam. 2,5 m. les autres : hauteur 5 m chaque.

Six stained glass windows at the West end of Saint Bernard's church at Romans (Drôme,
France). Blown glass, lead, tin. Circular window; diameter 2.5m. Remaining windows, each
5m high.

Suite à un concours lancé par l'État en 1997, Georg Ettl – associé pour
l'occasion à un maître verrier – se voit confier la conception et réalisation de
vitraux, sur le thème des deux derniers chapitres de l'Apocalypse de Saint-Jean.
Ettl revendiquera une lecture fidèle des textes pour légitimer sa proposition,
discutée par l'Église. C'est que le résultat, haut en couleurs par la richesse des
contrastes, l'est également sur un plan symbolique, tant la représentation est
vive, crue, frappante – "édifiante".
Pareille vision, soutient l'artiste, est à mettre sur le compte du caractère
littéralement épique du récit évangélique. Mais elle est susceptible aussi bien
de renvoyer au monde contemporain, où l'argent, la violence et la mort
personnifient encore aujourd'hui les "diables", ainsi que trois des vitraux
décrivent l'Enfer. Tandis que deux autres panneaux racontent l'entrée des
hommes à Jérusalem, avec leurs cortèges de souffrances et d'instruments
d'aliènation, le vitrail rond met en scène la descente de Dieu. Dans la partie
supérieure des panneaux sur la Nouvelle Jérusalem, le rachat des âmes baigne
dans une exubérance colorée et dynamique, entretenue par les anges musiciens
emplis d'allégresse.

Ettl won a national competition in 1997 to design and - with the help of a master
craftsman - make, stained glass windows illustrating passages from the last two
chapters of the Apocalypse of Saint John.
His literal and edifying interpretation gives weight to the message, a subject of
much discussion within the church, and contrasting colours plus vigorous
unflinching treatment imbue the work with powerful energy. According to Ettl, the
work merely mirrors the profoundly epic quality of this passage in the Bible. At the
same time, contemporary parallels are drawn in each of the three windows
representing visions of Hell, the devil being portrayed successively in the guise of
money, violence and death.
Whilst two of the stained glass windows show Man entering the city of Jerusalem,
accompanied by a procession of mankind's suffering and instruments of
alienation, the circular window depicts God's descent on Earth. Upper segments of
the windows show scenes from the new Jerusalem where souls are saved in a riot
of exuberant colours and movement, accompanied by the jubilations of attendant
angel musicians.

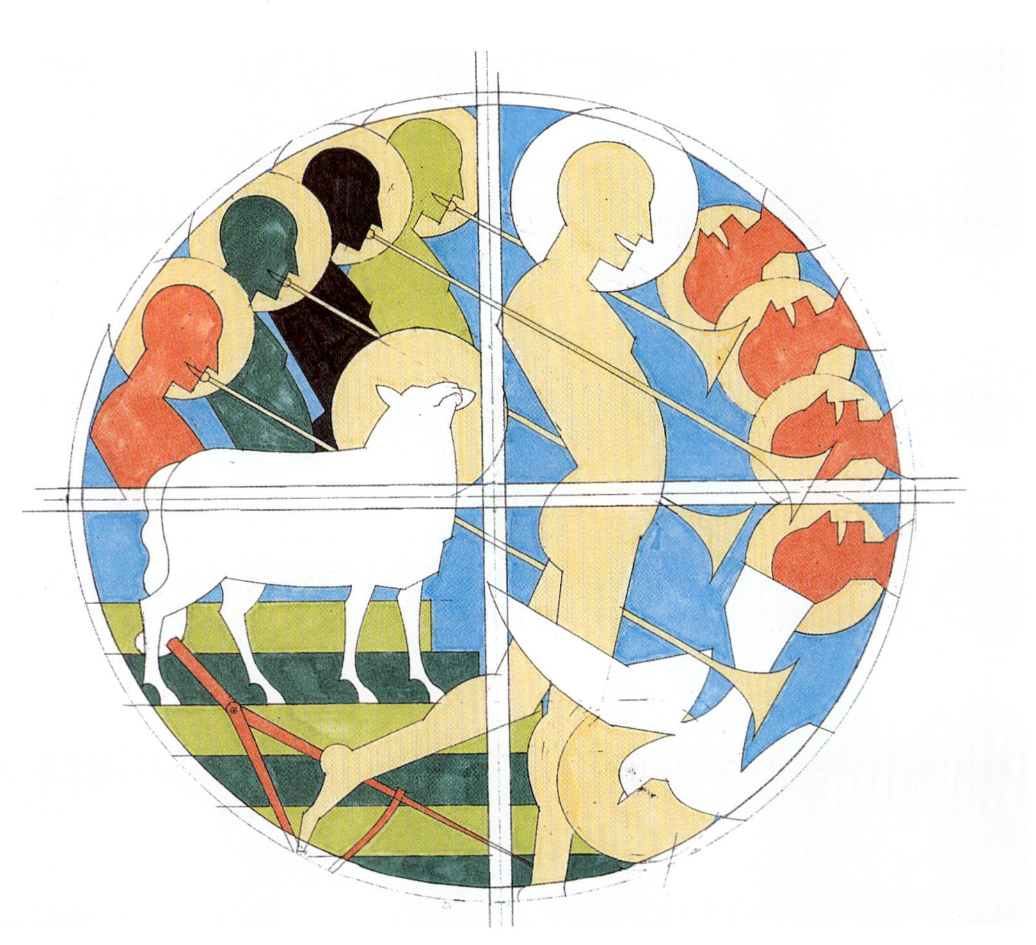

Études pour les vitraux de Saint-Barnard, 1999

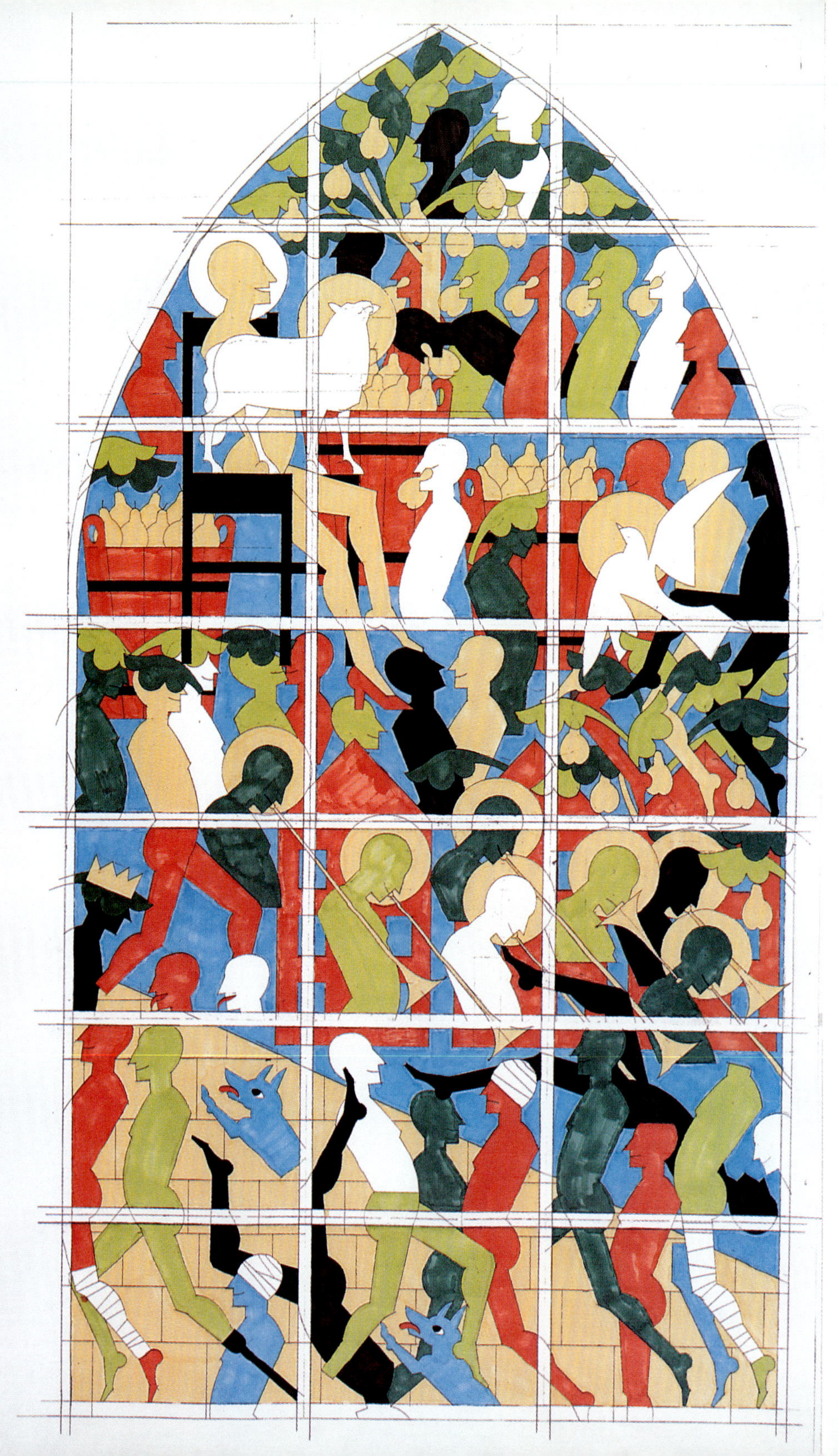

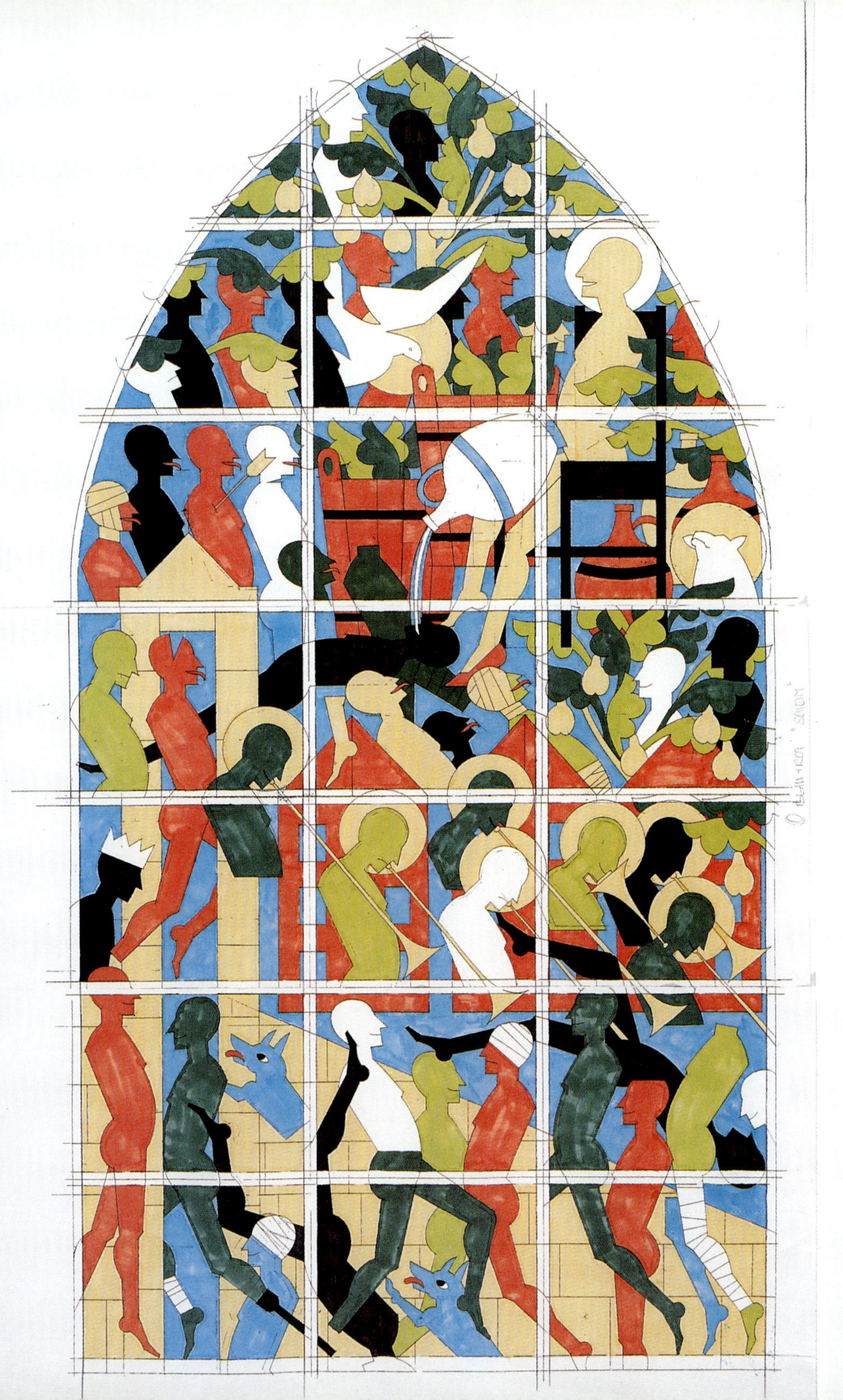

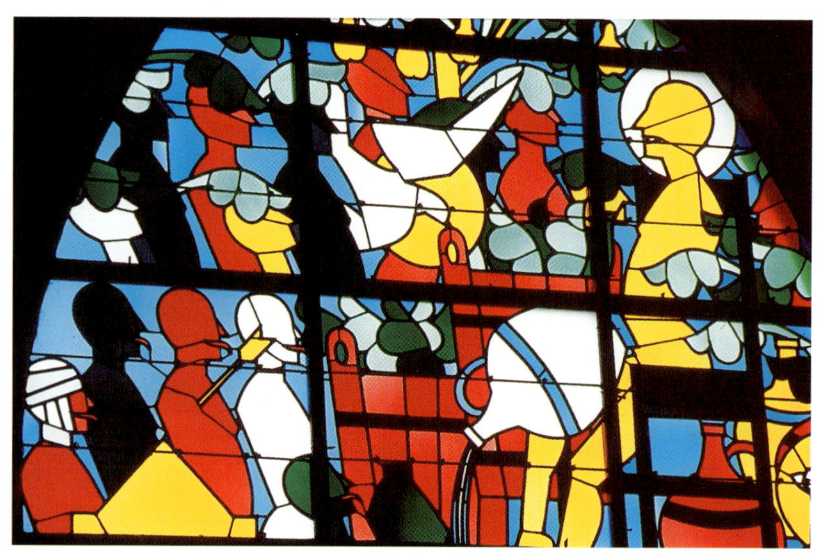

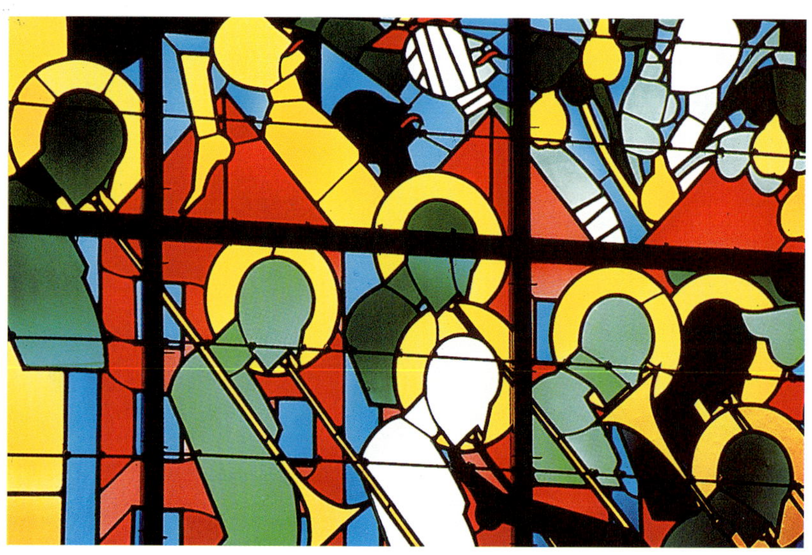

Vitraux de Saint-Barnard (détails), Romans (France), 1999

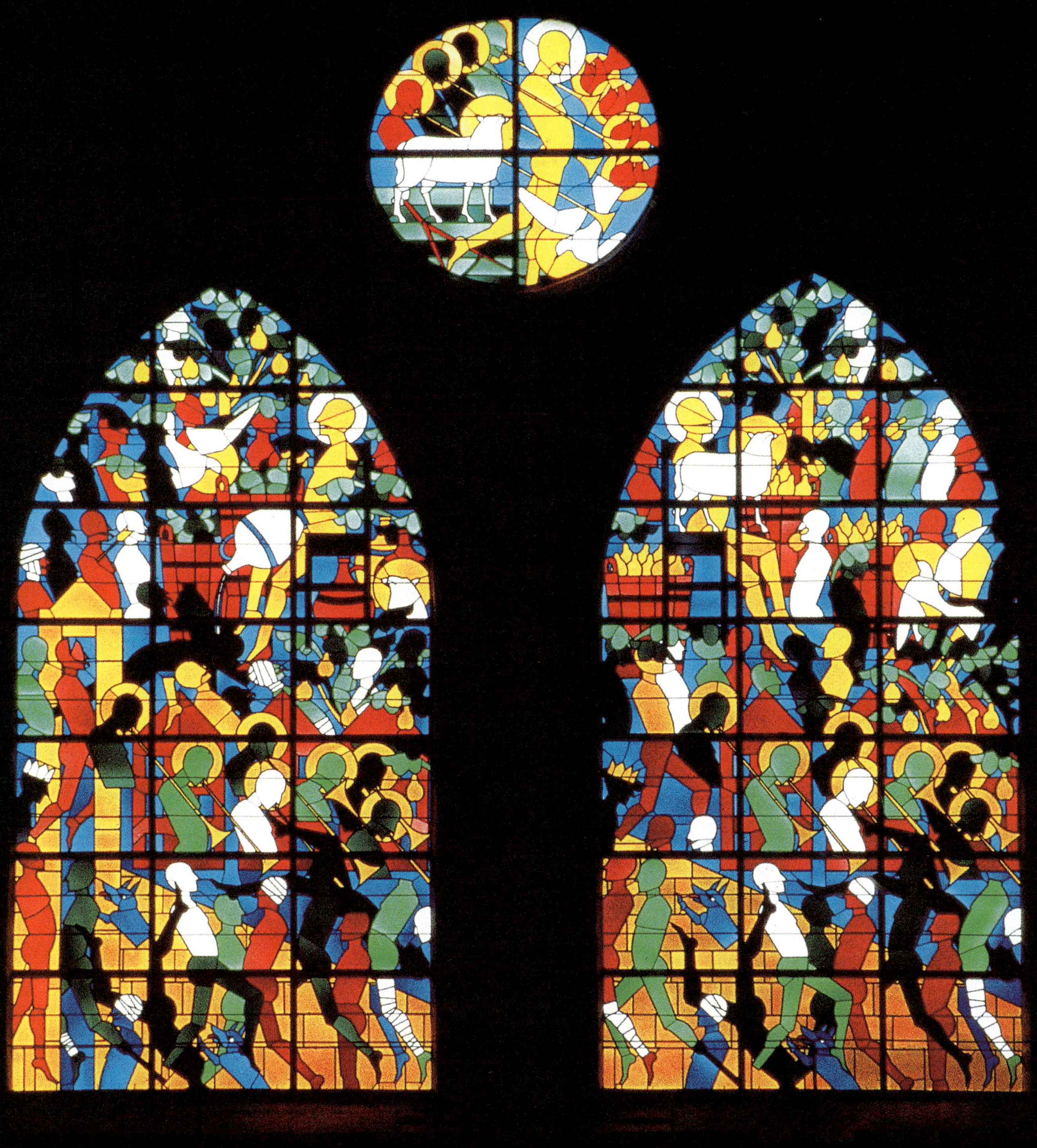

Le Combat des rois Abbaye de Saint-Savin sur Gartempe. 2000
Danses Chapelle Jeanne-d'Arc. Thouars. 2000

Dessin mural dans le réfectoire de l'Abbaye de Saint-Savin sur Gartempe (Vienne, France).
Crayon. Longueur: 30 m, Hauteur : 6,50 m, Largeur du mur pignon : 8 m.
Dessins muraux, Chapelle Jeanne-d'Arc à Thouars (Deux-Sèvres, France). Hauteur : 2,50 m.

Mural drawing for the refectory at Saint Savin sur Gartempe Abbey (Vienne, France).
Drawing. Length; 30m. Height; 6.5m. Width of gable wall; 8m.
Mural sketches, Jeanne d'Arc Chapel in Thouars (Deux-Sèvres, France). Height: 2,50 m.

Georg Ettl est invité dans le cadre de la programmation d'art contemporain du
Centre International d'Art Mural à l'Abbaye de Saint-Savin pour une exposition
temporaire (juillet-décembre 2000) conçue en résonance avec la vocation
patrimoniale du lieu. En regard de la fresque Le Combat des Rois" (XIe siècle)
déposée pour sa restauration dans le réfectoire, Ettl propose, d'après ce thème,
un dessin réalisé d'un simple trait de crayon sur toute la longueur de la salle.
Mais l'histoire biblique se rapportant au combat d'Abraham contre quatre rois
– combat d'un berger contre les puissants – sera sensiblement transposée par
l'œil ironique de l'artiste. Dans la retombée des voûtes, deux rois s'interpellent
et se narguent sur les conseils d'un "semeur de zizanie". À leur pied, les
fantassins, serviables et corvéables, annoncent le drame à grand renfort de
trompettes. Ce qui ne semble être au départ qu'une chiquenaude se termine en
une bataille sanglante. Les soldats s'entretuent sans merci cependant que les
deux rois, confortablement assis dans leurs fauteuils, conservent jusqu'à la fin
leur sourire. Si la systématique du profil des personnages, inscrits dans un
décor et munis d'accessoires médièvaux (couronnes, épées, tentes des camps
de bataille) évoquent l'idée de figures hiératiques, l'aspect normatif des
silhouettes, leur nudité et leur absence de bras rappellent les bustes de
mannequins de nos vitrines. Ancien et moderne ne seraient ainsi pas si
éloignés l'un de l'autre, semble nous dire l'artiste.

The "Centre International de l'Art Mural" at Saint Savin Abbey invited Georg Ettl to
create a work in keeping with the site to be shown at the abbey between July and
December 2000. Situated opposite the "Battle of the Kings" fresco, temporarily
removed to the abbey refectory for restoration, Ettl's "Combat des Rois" extends
along the length of the wall as a series of line figures. His treatment of the subject
betrays an ironic view of the Biblical story relating Abraham's battle with four kings
- the struggle of a simple shepherd against royal power. At the base of the
vaulting, two kings can be seen hurling insults at one another, each advised by his
own "rabble-rouser" counsellor. Foot soldiers, gullible and dutiful, herald the
forthcoming massacre with trumpets raised. What at first promises to be a mild
skirmish ends up as a bloody fray with soldiers mercilessly killing each other whilst
the two opposing kings, comfortably ensconced with smiles on their faces, survey
the scene from afar. Systematic portrayal of figures in profile painted against a
backdrop of medieval implements and objects (crowns, battlefield tents) may be
deliberately reminiscent of Egyptian hieratic illustrations but nevertheless contrives
to be modern with its repetition of undressed shop-window-dummy-like figures
with no arms. The artist seems to be saying that ancient and modern are perhaps
more closely bound than we had previously thought.

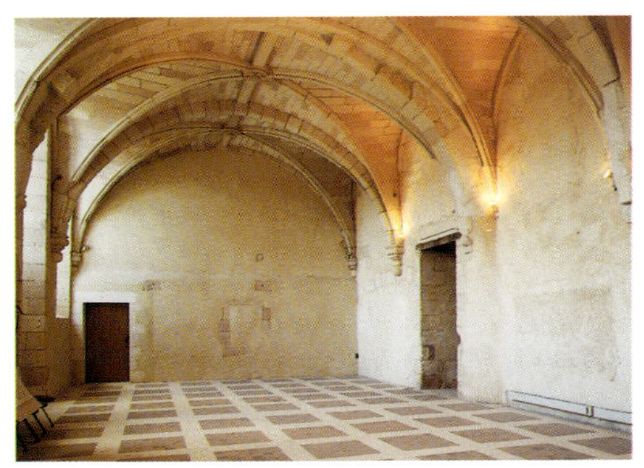

Réfectoire de l'Abbaye de Saint-Savin, France

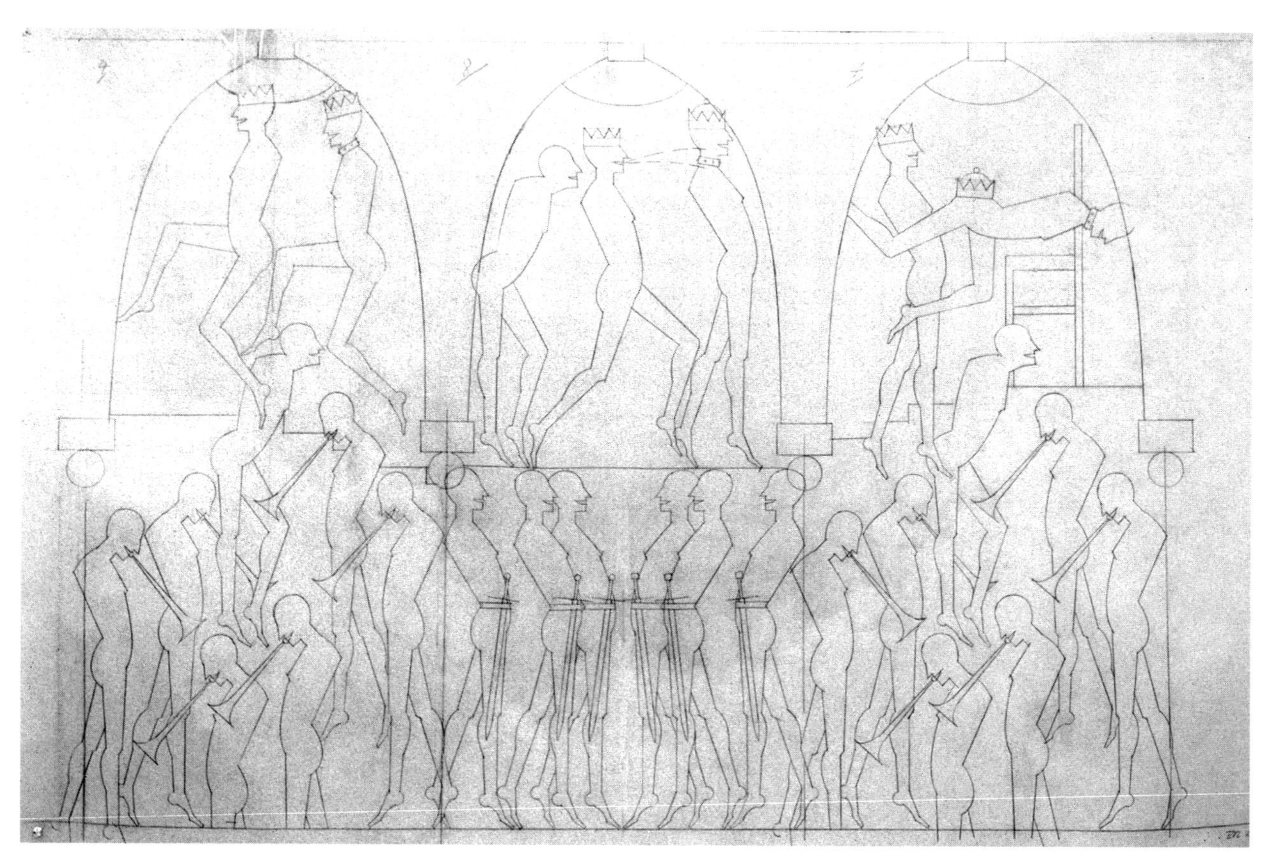

Étude pour *Le Combat des rois,* 1999

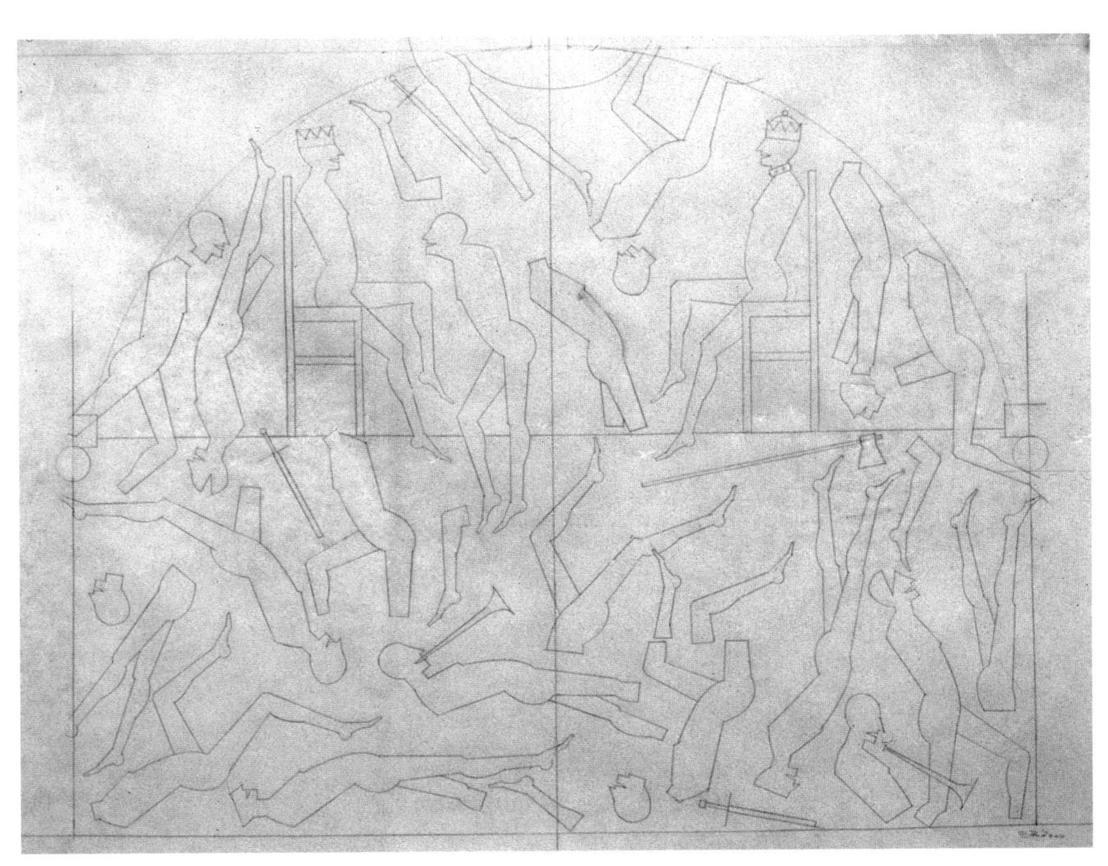

Étude pour *Le Combat des rois*, 1999

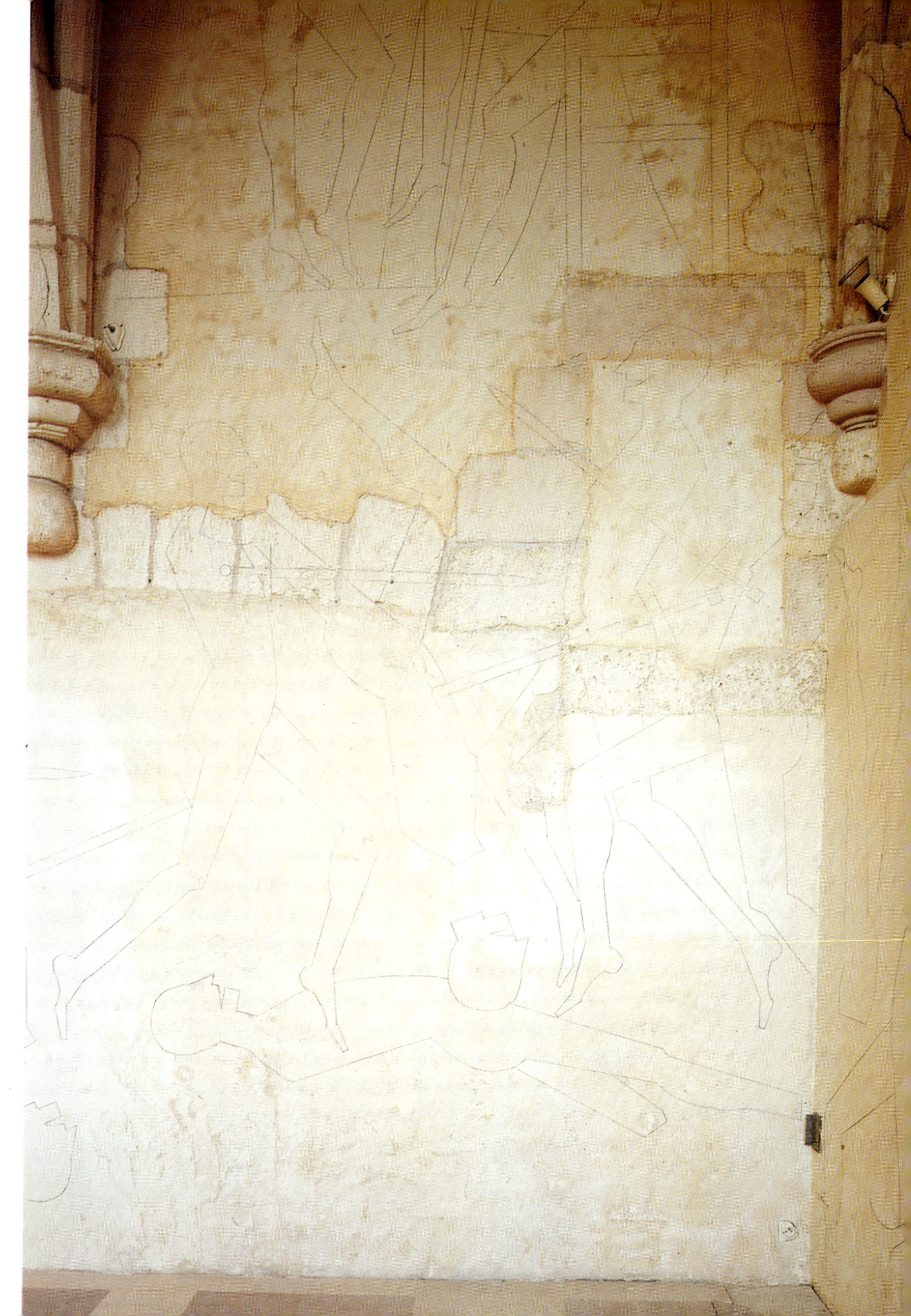

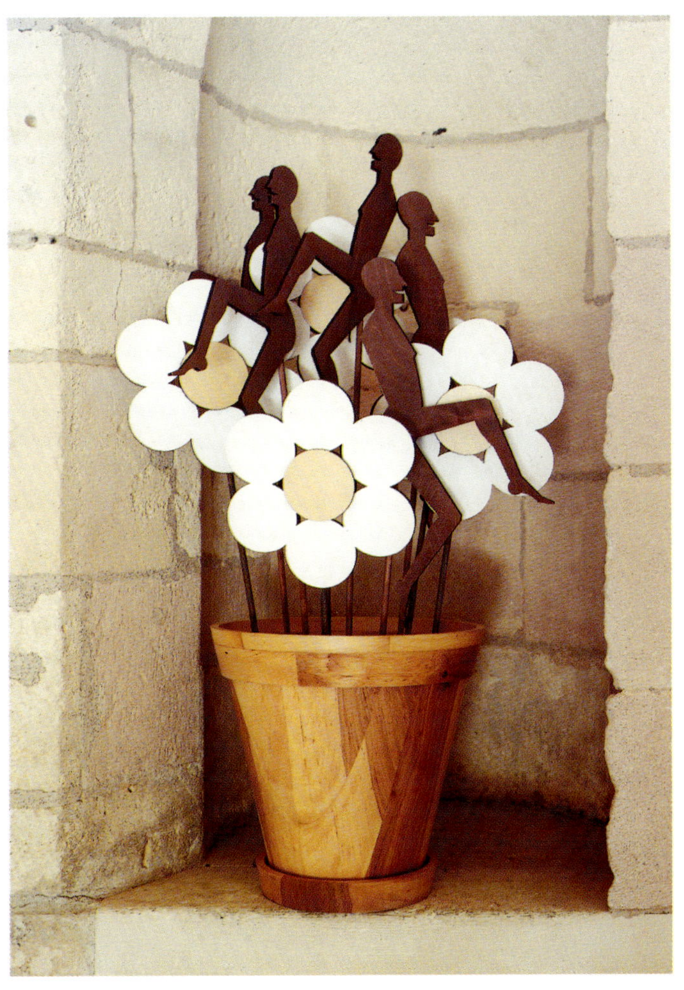

Le Combat des rois (détail), 1999
Réfectoire de l'Abbaye de Saint-Savin

Pot de fleurs et de danseurs, 1999

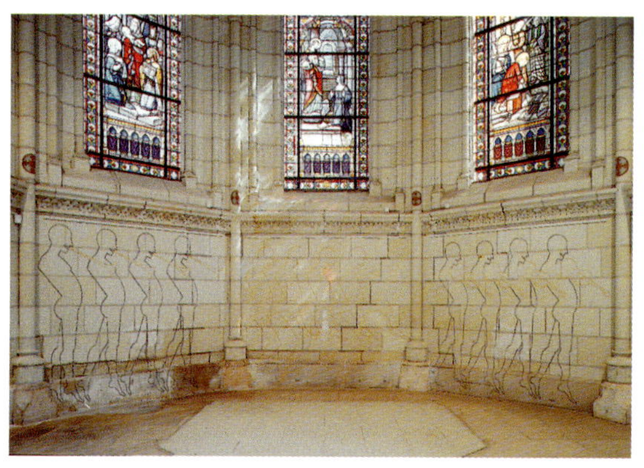

Vue de l'exposition "Danses", Chapelle Jeanne-d'Arc, Thouars, 2000

Musiciens avec trompettes (détail), 2000

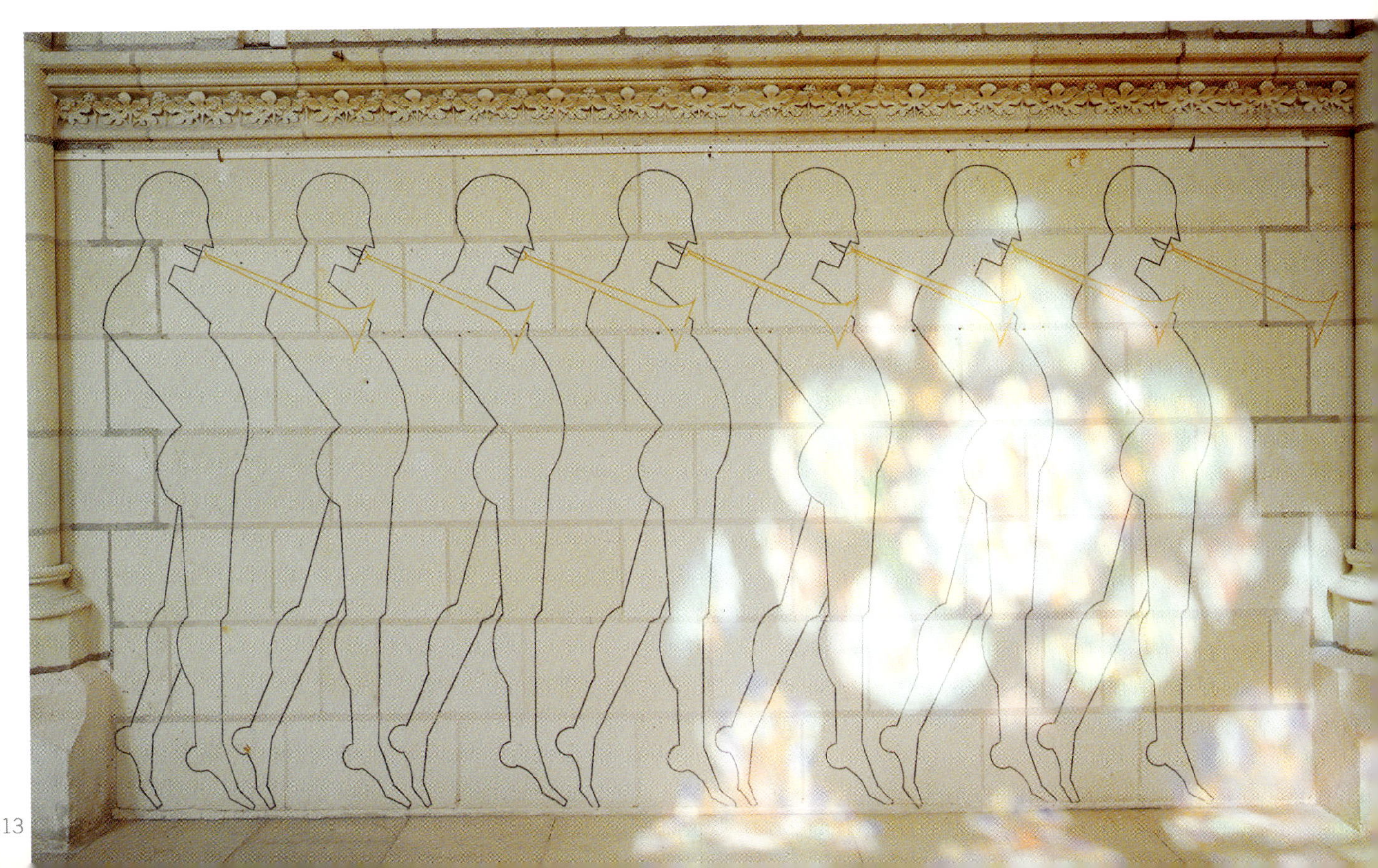

Musiciens avec violons (détail), 2000

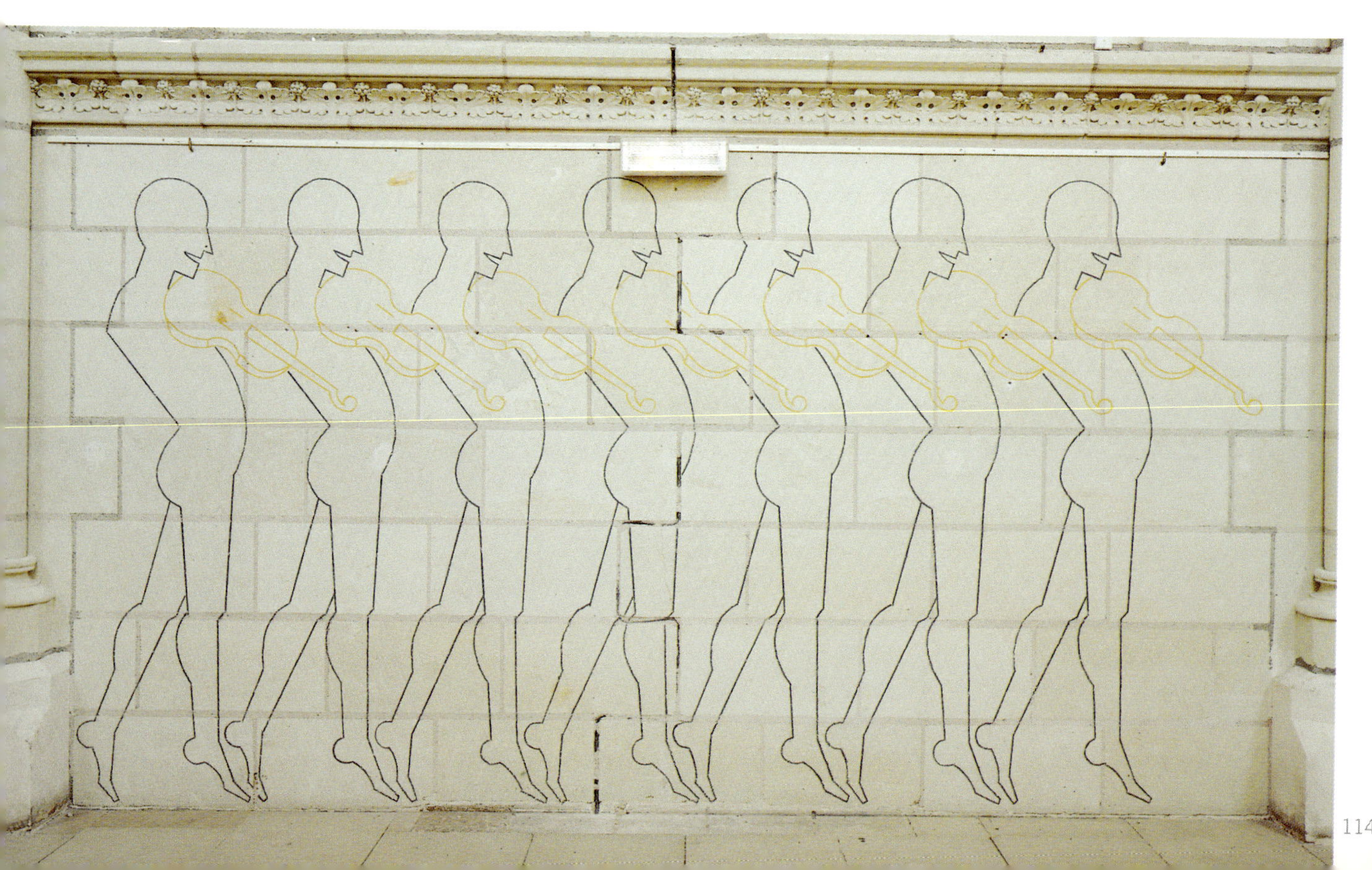

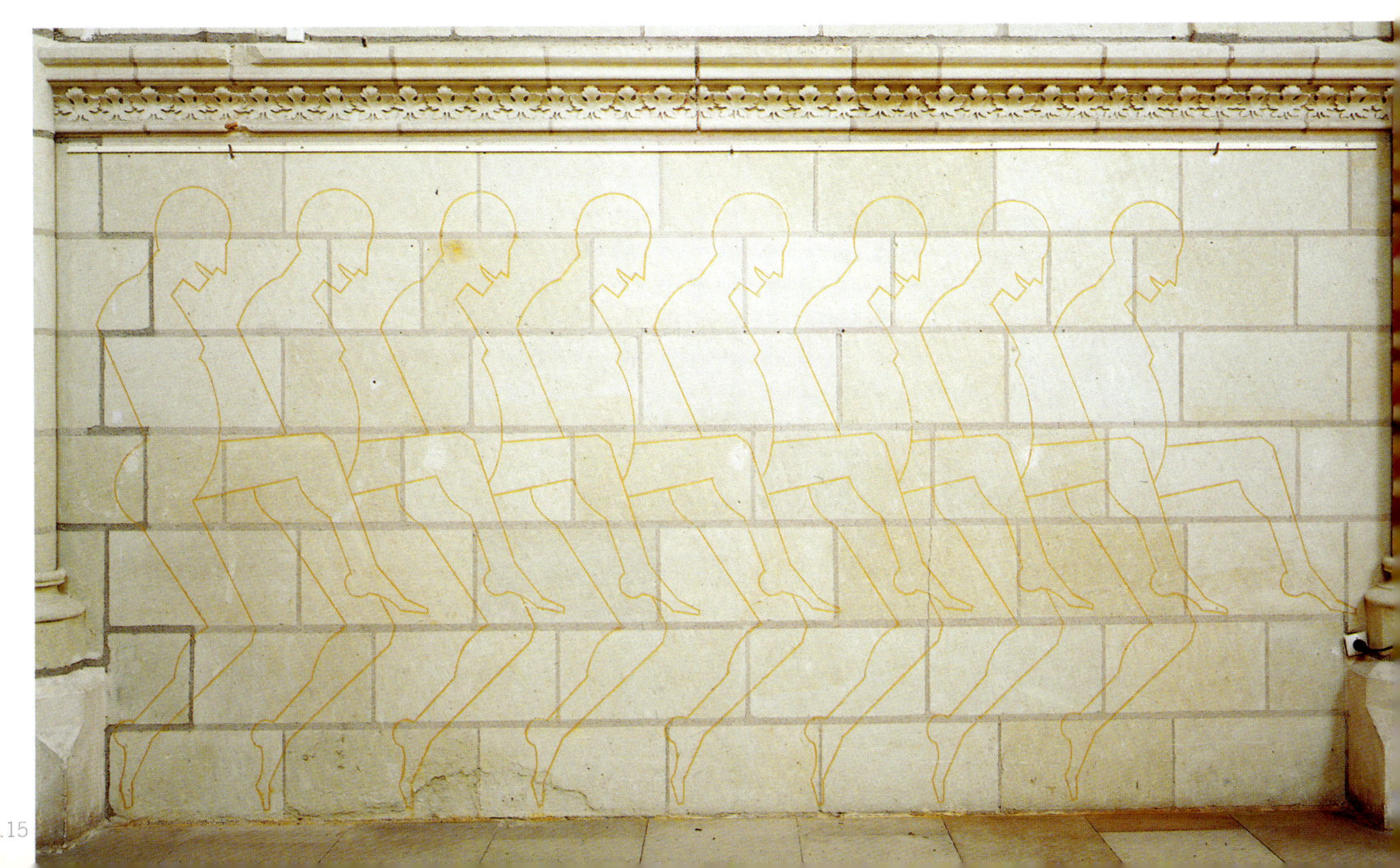

Danseurs (détail), 2000

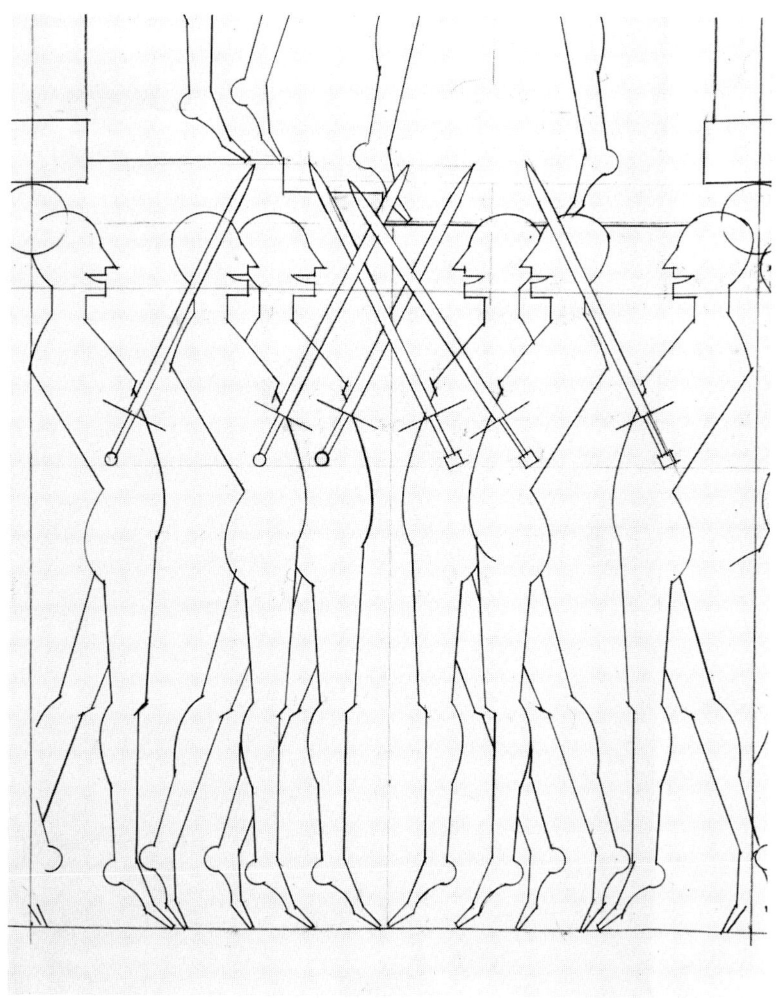

Étude pour *Le Combat des rois* (détail), 2000

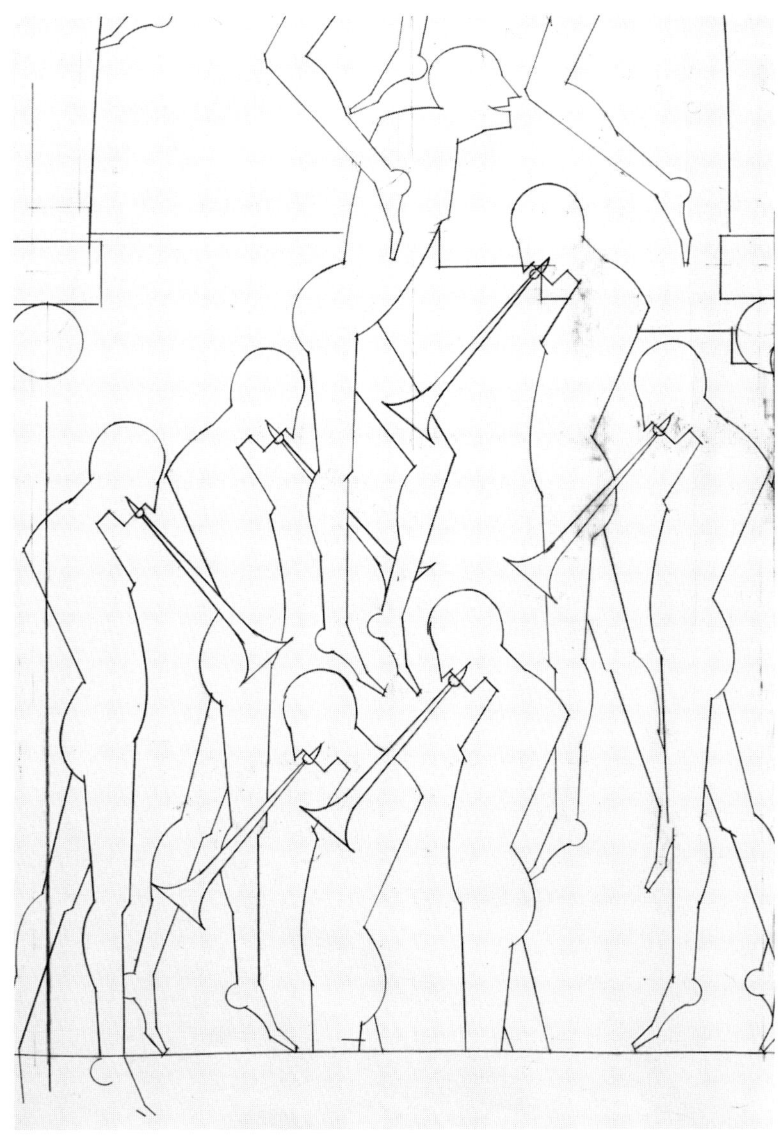

Étude pour *Le Combat des rois* (détail), 2000

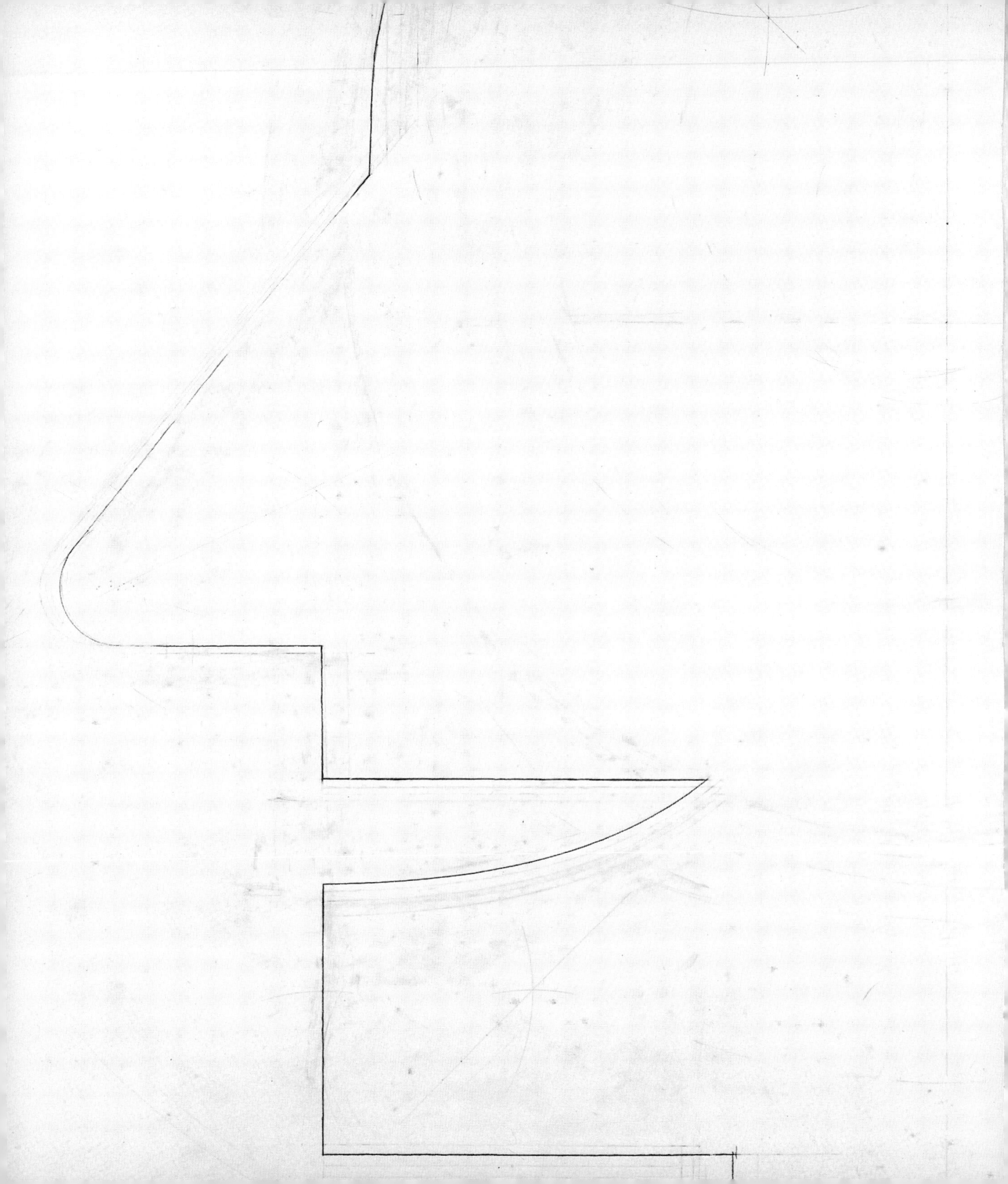

Le Combat des rois
Georg Ettl à Saint-Savin sur Gartempe
par Philippe Sers

Le visiteur qui s'aventure dans le vaste et lumineux réfectoire de l'Abbaye de Saint-Savin sur Gartempe se fait saisir de tous côtés par la dramatique scène du *Combat des rois*. L'un, dessiné au trait sur toute la longueur des neuf travées ouest et le mur pignon du réfectoire, par l'artiste allemand Georg Ettl, frappe le regard par son énigmatique présence ; l'autre, déposé à plat pour la restauration, peint à la fresque par l'anonyme artiste roman de Saint-Savin, émerveille par sa richesse chromatique, sa force de suggestion si propres au monde pré-renaissant.

Cet épisode de la vie d'Abram, qui n'a pas encore reçu de Dieu le souffle qui partagera et ouvrira définitivement son nom avec le « ha » de l'haleine du Créateur, faisant de lui Abraham, se situe au moment où le futur patriarche revient de la terre d'Égypte, en compagnie de son neveu Lot, de leurs femmes et de leurs troupeaux [1]. Tous deux s'avancent jusqu'à Béthel où, raconte le livre de la *Genèse*, le pieux Abram avait précédemment élevé un autel au Seigneur, après avoir reçu de Lui le commandement de partir en Égypte et la promesse de recevoir cette terre pour toujours, pour lui et sa descendance qui n'est pas encore née. Le Seigneur lui a promis non seulement cette terre, en dépit de l'exil où Il semblait l'avoir contraint et dont Il vient de le rappeler, mais une descendance qui sera multitude, et cela, en dépit de la stérilité de sa femme la belle Saraï qui de longues années encore, jusqu'à la vieillesse, devra attendre la naissance de l'enfant miraculeux, Isaac, pour devenir Sarah.

La promesse va s'accomplir, l'histoire admirable se déployer, avec une logique qui n'est pas celle des hommes, mais celle de Dieu. Voici qu'une querelle éclate entre les bergers de Lot et ceux de son oncle, querelle si aigre que les deux hommes qui ne veulent pas se disputer doivent décider de se séparer et de s'établir chacun sur son propre territoire. Lot choisit de s'établir avec les siens dans le fertile district du Jourdain et la région de Sodome, Abram s'installe au pays de Canaan.

Le temps passe comme un éclair, les rouages continuent de tourner, Lot et Abraham vivent en paix sous leurs tentes quand tout à coup une guerre se déclenche, mettant en lice les rois de la région, regroupés en deux factions rivales. Le roi d'Élam avec ses trois alliés combattent leur ennemi le roi de Sodome et ses quatre alliés : ainsi, quatre rois font la guerre à cinq autres.

Ce combat qui pourrait apparaître comme un simple épisode guerrier de l'histoire du Moyen-Orient antique revêt dans le récit biblique une importance toute particulière, puisqu'il se situe dans l'attente de la promesse et que cette promesse concerne la terre que le Seigneur a déjà donnée à Abram et son peuple. Abram sera l'instrument même de l'accomplissement de la parole divine : apprenant que son neveu Lot a été capturé à Sodome par ses ennemis, il se rend en personne à son secours, prenant avec lui 318 vassaux. Abram se bat, gagne, et ramène avec lui Lot sain et sauf, avec tous ses biens, ses parents, alliés et serviteurs. À son retour victorieux, Abram est accueilli par Melchisédech, roi de Shalem, mais aussi prêtre, qui le bénit en disant : « Béni soit Abram par le Dieu Très Haut qui créa ciel et terre et béni soit le Dieu Très Haut qui a livré tes adversaires entre tes mains ! » [2] Le juste Abram, précise le récit, ne réclama aucun tribut pour sa victoire. Ce combat des rois durant lequel Lot est capturé n'est que prétexte à dévoiler aux belligérants la volonté du Seigneur qui va donner à son peuple la terre promise. Sa signification véritable, saisie d'abord par les protagonistes comme une histoire purement humaine, reste cachée, jusqu'à ce que le prêtre Melchisédech en manifeste le sens par ses paroles de bénédiction. Plus tard, les commentateurs juifs verront, dans le chiffre 318 des vassaux d'Abram jetés au secours de Lot, le nom même d'Ézéchiel, alors héritier putatif d'Abram. Cette péripétie démontre l'incompréhension de l'homme à saisir le sens caché de l'histoire telle que Dieu la déroule pour accomplir ses promesses.

De la même manière que les hommes engagés dans le récit de la *Genèse* n'en saisissent pas toute la signification, les visiteurs du réfectoire de Saint-Savin se penchent eux aussi sur cette histoire au sens toujours opaque, enrôlés dans une singulière rencontre qui s'opère sur trois temps : un artiste, Georg Ettl, leur contemporain du XXe siècle, se penche sur la fresque peinte par l'un ou plusieurs des anonymes de Saint-Savin au XIe siècle (et les peintres ont ainsi peint le même sujet avec un millénaire d'écart), et tous, visiteurs, artistes reliés dans un temps suspendu, se penchent à leur tour sur le texte de la *Genèse* pour en décrypter l'éternelle énigme. Cette étrange fusion à travers le temps ne pouvait que séduire un artiste comme Georg Ettl.
Celui-ci a tenu, en mettant en scène son *Combat des rois,* à poser entre les armées face à face avec leurs deux chefs la présence du « semeur de zizanie », le grand diviseur, dont l'on sait qu'il est l'un des noms du diable. Avec la représentation de ce personnage, Georg Ettl introduit d'emblée une question. La question posée est directe, incisive, cruelle : pourquoi le mal ? Pourquoi la guerre entre les hommes ? Pourquoi Dieu permet-il la présence du grand diviseur, pourquoi l'autorise-t-il à intervenir ?

Réflexion aiguë sur la liberté de l'homme, mystère de son libre-arbitre : Dieu mène Son peuple là où Il veut. Mais pour cela, Il doit recueillir l'assentiment de l'homme. Il ne fait rien sans lui. En l'occurrence, durant l'épisode du *Combat des rois,* Dieu a besoin de l'approbation du juste Abram qui spontanément si l'on en croit le texte, sans l'ombre d'une hésitation, vole au secours de Lot capturé. C'est là ce même Abraham qui sera capable d'aller jusqu'au bout de l'impensable : croire en la promesse folle qui lui a été faite, jusqu'à accepter de sacrifier Isaac le fils unique obtenu dans sa vieillesse, Abraham qui par sa confiance en Dieu et la mise à disposition de sa liberté fonde le peuple des croyants. Cet épisode, on le sait, a fasciné Kierkegaard, puisque Dieu, en ordonnant à Abraham de Lui sacrifier son fils, lui ordonne d'accomplir un acte contraire à la loi qu'Il promulgue et réduit à néant la promesse faite à Abraham de lui assurer une descendance innombrable. C'est la suspension téléologique de l'éthique qui fait d'Abraham le chevalier de l'intériorité caché, celui qui ne peut parler selon le Kierkegaard de *Crainte et tremblement.* La question du mal prend la dimension de ce silence qui l'ouvre à la nécessité d'un autre type de communication, que le philosophe qualifie d'indirecte. Ici, sans doute, se vérifie la pertinence de l'intervention de l'iconographe.

On ne peut s'empêcher de penser ici bien sûr, à travers le travail de Georg Ettl, à la douloureuse prolongation durant le XXe siècle de l'histoire du peuple élu, ce peuple désigné par Dieu, au mystère du mal que ce peuple a subi. Et il n'est pas neutre que cette remastication de l'histoire soit précisément effectuée par Georg Ettl, né en 1940, en Bavière, dans une Allemagne qui va poser au monde entier, de manière définitive, ce problème du mal, en martyrisant le peuple de la promesse dans une sorte de caricature de la suspension téléologique kierkegaardienne de l'éthique.

À Saint-Savin, se livre aux regards du visiteur contemporain, non seulement le combat des rois vécu dans une antiquité biblique révolue, mais aussi l'épisode qui concernerait un livre définitivement fermé. Grâce au travail d'Ettl se rouvre le Livre, se réactive le texte, se propose le questionnement vivant concernant le mal, sa signification. L'image est sans doute plus que jamais appelée au travail que lui reconnaît Ryckmans dans ses magistrales interprétations de la tradition chinoise : convoquer le réel.
La question posée est dure. La forme même choisie par Georg Ettl, un dessin précis, mais léger, incisif, sûr de soi mais prêt à s'évanouir, car il sera bientôt effacé, ce dessin posé sur un mur vertical, l'air de ne pas y toucher, ce dessin au trait, dressé au-dessus de la fresque romane horizontale, questionne directement et hardiment le temps, d'un trait de flèche. Les

profils souriants des soldats sans cheveux, nus, leurs corps sans bras, semblent induire que le combat en jeu ici n'est que combat de surface, ombres sur la caverne platonicienne. La forme renvoie, par ses manques, son ironie, sa légèreté, à autre chose. Elle n'est, formellement, que silhouette, projection, liberté du dessin. Par sa structure même, elle interroge avec une feinte et directe candeur. Tel est le choix de Georg Ettl. Le choix d'une forme réduite à sa plus simple expression, simple circonscription ou *périgraphê* qui délimite l'espace d'une présence possible, mais finalement non appelée, non convoquée. Le stéréotype clame l'interchangeabilité de toutes ces présences bibliques. Est-ce parce que dans l'esprit du regardeur doit se glisser l'idée que c'est de son propre destin qu'il s'agit ?

En bas, les restaurateurs affairés à une reconstitution patiente, longue, minutieuse, d'une partie de fresque romane. En haut, dans la coursive, les visiteurs qui contemplent cette bataille colorée aux ocres chauds, aux tons minéraux, à leurs pieds. Mais ils voient cette peinture non pas comme la virent tout au long des siècles, à partir du XIe siècle, moines et chrétiens venus dans la basilique, levant les yeux pour contempler, sur la haute voûte en berceau, une bataille qui s'accomplit dans le ciel divin, hors de portée, élément de l'histoire biblique. Ils la voient, dix siècles plus tard, comme une bataille découpée, arrachée de son support, posée horizontalement, et ainsi extraite de son contexte, davantage achevée. Une bataille peinte il y a longtemps, terminée, mais qui, symptomatiquement abîmée, reste toujours à reconstituer, à déchiffrer.
Et derrière le visiteur, cette bataille dessinée à main levée par Georg Ettl, bataille qui semble d'ordre purement formel, fantomatique, où le sourire aiguisé des profils inquiète, menant au questionnement, par le biais d'un dessin précis, affirmé, construit.
Hommes sans bras, sans cheveux, sans vêtements, hommes quasi-impuissants, hommes du destin. Voilà l'intérêt de cette confrontation entre la fresque du XIe siècle qui donne le ton et le dessin du XXe siècle finissant qui lui répond en un écho subtil, léger, discret, comme en retrait. Au milieu de ces deux figurations, un espace s'ouvre, espace en suspens où le visiteur est surpris, impliqué dans un questionnement.

Déjà avec une réalisation pour le château d'Oiron, puis pour la Halle de Viersen, Georg Ettl s'était confronté à l'histoire. Il avait approché ce questionnement crucial pour lui, artiste, ce rapport difficile à la tradition picturale et architecturale. Il n'a pu manquer d'être frappé, en venant à Saint-Savin, par la convergence entre son travail pour la Halle, où il avait tenté de créer un espace monumental surgi des fonds à fresque de la peinture renaissante italienne, aux tons naturels, et la monumentale beauté du vaisseau roman baigné de lumière de Saint-Savin, ses colonnes aux frais coloris, cette atmosphère à la fois précieuse et joyeuse toute byzantine, si proche de l'esprit de Ravenne. Mais à Saint-Savin, le rapport avec l'histoire est plus serré, la question se fait plus pressante, touchant à ce qui intéresse Georg Ettl, la question existentielle autour de laquelle tout son travail antérieur a jusqu'alors tourné sans l'aborder directement.

Il a émergé d'une manière torturée, voire maniériste, de tout ce qui l'encombrait dans l'histoire de l'art. Il a dû au cours d'un long cheminement, régler ses comptes avec ses prédécesseurs, aussi bien Le Caravage que Dürer ou Picasso, que la tradition égyptienne, renaissante, voire le monde de l'icône. Travaillant successivement et à la fois, de manière systématique, sur des problèmes formels précis, espace, matériau, forme, couleur, il a réussi à se libérer du poids de la tradition, pour non pas l'écarter, mais l'assimiler, la digérer et toucher enfin aux questions existentielles qui l'agitent, trouver son langage propre afin de s'immiscer dans un espace furtif, par le seul travail formel, sans plus aucune pesanteur formaliste.

Le fracas silencieux de ces armées souriantes, cette rencontre blanche avec le spectateur, interrogative, suspendue, les formes sans couleur de ce *Combat des rois,* sans ombre, sans chair, a force de démonstration. L'œuvre de Georg Ettl au réfectoire de Saint-Savin engage elle-même avec le texte, avec la fresque romane, avec le temps, un corps à corps vigoureux et tranquille que ressent physiquement le visiteur, pris en tenaille entre l'étrange projection verticale d'une réflexion toute cérébrale et le tumulte coloré d'une bataille qui fuit à ses pieds. Debout, les personnages d'Ettl, dessinés, comme ressurgis du sol, relevés, redressés, mais filiformés, sortis d'une lointaine mémoire, impiétinables, victorieux, vivants et ironiques, sont les traces d'une pensée vive qui empoigne, secoue le spectateur, le forçant à entrer dans ce nulle part où il ne veut pas trébucher : dans le malaise du nécessaire questionnement.

Dans le débat actuel sur l'art sacré, Georg Ettl semble apporter la vertu de prudence d'une proposition dans laquelle la forme semble se méfier de ses dérives possibles et en revenir à la conception d'un Nicéphore le Patriarche dans son célèbre *Discours sur les iconoclastes* qui nous présentait une théorie du trait comme aptitude à l'accueil de la présence. On pourra reprocher à notre temps que ces formes ne soient pas habitées. Mais peut-être est-ce parce que cette époque voit l'invention d'une nouvelle rigueur après avoir connu un renouveau de la mise en cause radicale du contenu de l'image ? Quoiqu'il en soit, on peut se réjouir de la confrontation de Saint-Savin.

P. S.

The Combat of the Kings
Georg Ettl at Saint-Savin sur Gartempe
by Philippe Sers

The visitor who ventures into the vast and luminous refectory of the Abbey at Saint-Savin sur Gartempe is seized on all sides by the dramatic scene of the Combat of the Kings. One scene, drawn by the German artist Georg Ettl, in outline along the entire length of the refectory's nine west bays and gable wall, is striking in its enigmatic presence; the other scene, painted as a fresco by the anonymous romanesque artist of Saint-Savin and now laid out flat for the restoration, is stunning in its chromatic richness and its suggestive power, so characteristic of the pre-renaissance world.

This episode from the life of Abram, who had not yet received from God the aspiration which would divide and definitively open his name with the "ha" of the Creator's life breath, transforming him into Abraham, takes place at the moment when the future patriarch is returning from Egypt, accompanied by his nephew Lot, and their wives and herds.[1] As is recounted in Genesis, both continue to Bethel where, the pious Abram had previously raised up an altar to the Lord, after having received from Him the command to go to Egypt and the promise of receiving this land forever, for him and his as yet unborn descendents. The Lord promised him not only this land, despite the exile in which He seemed to have imposed on him and from which He just called him back, but He also promised him a multitude of descendents, and that, despite the sterility of his wife, the beautiful Sarai, would have to wait for many years still, until old age, for the birth of the miraculous child, Isaac, and in order to become Sarah.
The promise will be kept, the admirable story will unfold with a logic not of man, but of God. A quarrel erupts between Lot's shepherds and those of his uncle; it is such a bitter quarrel that the two men, who do not want to argue with each other, decide to separate and for each to settle his own territory. Lot chooses to settle with his extended family in the fertile area of Jordan in the region of Sodom, Abram settles in the land of Canaan.

Time flies, the wheels keep turning; Lot and Abram are living in peace in their tents when suddenly a war erupts, pitting the regional kings against each other, regrouped into two rival factions. The king of Elam with his three allies fight their enemy, the king of Sodom and his four allies: thus, four kings wage war against five other kings.

This combat which could appear to be a simple martial episode in ancient Middle Eastern history, acquires a particular importance in the biblical account because it takes place while waiting for the promise to be fulfilled and that this promise involves the land which the Lord has already given to Abram and his people. Abram will be the very instrument of the fulfilment of the divine word: learning that his nephew Lot was captured at Sodom by his enemies, he personally goes to his aid, taking with him 318 vassals. Abram fights, wins, and brings Lot back with him safe and sound, with all his possessions, his parents, allies and servants.
Upon his victorious return, Abram is welcomed by Melchisedech King of Shalem, but also by a priest, who blesses him by saying:

"Blessed be Abram by Almighty God who created heaven and earth and blessed be Almighty God who delivered your enemies into your hands."[2]

Righteous Abram, the account specifically states, takes no credit for his victory.
This Combat of the Kings during which Lot is captured is simply a pretext for unveiling the Lord's will to the war-mongerers, the will that is going to give the promised land to his people. At first understood by the protagonists as a purely human story, its true meaning remains hidden, until the priest Melchisedech reveals it through his words of blessing. Later, Jewish commentators will decipher, in the number of Abram's vassals, 318, who ran to Lot's rescue, the very name of Ezechiel, Abram's presumed heir. This episode demonstrates Man's inability to divine the hidden meaning of the story such as God unfolds it to fulfill his promises.
In the same way that the individuals involved in this account from Genesis do not grasp its entire meaning, the visitors to the refectory of Saint-Savin also examine this still-unfathomable story, actors in an unusual encounter which operates on three time-levels: an artist, Georg Ettl, their 20th century contemporary, examines the fresco painted by one or several anonymous Saint Savin artists in the 11th century (and painters also painted the same subject a millenium earlier), and everyone – visitors and artists alike, linked in suspended time – examine, in turn, the text from Genesis in order to decipher the eternal enigma. This strange fusion across time couldn't help but seduce an artist such as Georg Ettl.
In showing his Combat of the Kings, this artist wanted to position the "sower of discord," the great divider, which we know to be one of the names of the devil, between the facing armies and their two leaders. By representing this personnage, Georg Ettl

immediately introduces a question. The question presented is direct, incisive, cruel: why does evil exist? Why is there war between men? Why did God allow the presence of the devil, why let him intervene?

A keen reflection on man's freedom, on the mystery of his free-will: God leads His people where He wants to. But for that, He must obtain man's consent. He does nothing without him. In this case, during the episode of the Combat of the Kings, God needs the approval of the righteous Abram who spontaneously, if one believes the text, and without a shadow of hesitation, flies to the aid of the captured Lot. This same Abraham who will be capable of going to the end of the unthinkable: from believing in the incredible promise that was made to him, up to accepting to sacrifice his only son Isaac, who was born in Abraham's old age, this Abraham, who through his faith in God and the disposition of his freedom founds the Faithful people. As we know, this episode fascinated Kierkegaard, because God, by ordering Abraham to sacrifice his son to Him, orders him to commit an act that is contrary to His law and that effectively negates the promise made to Abraham assuring him of countless descendants. It is the teleological suspension of ethical morality which transforms Abraham into the knight of hidden interiority, the one who cannot speak, according to the Kierkegaard of Fear and Trembling. The question of evil takes on the dimension of this silence which opens it up to the necessity of another kind of communication, that the philosopher qualifies as indirect. Here, perhaps, this pertinence needs an iconographer's examination.

Of course, Georg Ettl's work can't help but remind one of the grievous and extended suffering experienced during the 20th century by the chosen people, this people designated by God, and about the mystery of the evil to which this people has been subjected. And it is not innocuous that this reinterpretation of history would be made, in fact, by Georg Ettl, born in 1940, in Bavaria, in a Germany which is going to present to the entire world, in a definitive way, this problem of evil, by martyrizing the people of the promise within a kind of caricature of the teleological Kierkgaardian suspension of ethical morality.

At Saint-Savin, under the contemporary visitor's gaze, not only is the Combat of the Kings lived within a previous era in biblical antiquity , the episode could simply involve a book now definitively closed. However, thanks to Ettl's work, the Book is reopened, the text is reactivated, the vital questioning about evil and its meaning continues. The image is perhaps more than ever called into play here as Ryckmans suggests in his magistral interpretations of the Chinese tradition: summoning the real.

The question asked is a difficult one. The very form Georg Ettl chose, that of a precise drawing – however light, incisive and sure of itself it is, is also ready to vanish, since it will soon be erased, this drawing drawn on a vertical wall, as if barely touching it, this line drawing, positioned above the horizontal romanesque fresco – directly and boldly questions time, with an arrow's trace. The smiling profiles of the hairless soldiers, naked, their bodies lacking arms, seem to imply that the combat in play here is only a surface combat, ony shadows on Plato's cave. By what it lacks, the form reflects its irony, its lightness onto something else. Formally, it is only silhouette, projection, free-dom of drawing. Through its very structure, it questions with an assumed and direct candor. Such is Georg Ettl's choice. The choice of a form reduced to its simplest expression, a simple circumscription or perigraphe which marks out the space of a pos-sible presence, but in the end, the presence is not called on, not summoned. The stereotype demands the interchangeability of all these biblical characters. Is it because the idea must arise, in the spectator's mind, that it is really about his own destiny?

Below, the busy restorers are performing a patient, long, meticulous reconstitution of part of a Romanesque fresco. Above, in the nave gallery, the visitors are contem-plating this battle colored in warm ochres, in earthy tones, at their feet. However, they do not look at this painting in the same way as did the monks and Christians who came to this basilica, throughout the centuries beginning with the 11ᵗʰ, and who raised their eyes to contemplate, on the high barrel vault, a battle which takes place in the divine realm, outside of reach, an element of biblical history. They see it, 10 centuries later, as a battle that has been cut-out, torn away from its support, positioned horizontally, and thus taken out of its context, finally won. A battle painted a long time ago, over now, but which, symptomatically damaged, remains always to be reconstituted, to be deciphered.

And behind the visitor, this battle drawn freehand by Georg Ettl, a battle which seems purely formal, ghost-like, in which the sharp smile of the profiles is disquieting, leading to questioning, through the way the drawing is precise, forthright, constructed.

Men without arms, without hair, without clothes, men almost helpless, men of destiny. Therein lies the interest of this confrontation between the fresco of the 11ᵗʰ century which provides the tone and the drawing of the end of the 20ᵗʰ century which answers it in a subtle, faint, discreet echo, as if fading. In the middle of these two figurations, a space opens up, a suspended space where the visitor is surprised, implicated in the questioning.

Georg Ettl already confronted history in his works for the Château of Oiron, then for the Halle of Viersen. He had approached this questioning that was crucial for him as an artist, this difficult relationship with the pictural and architectural tradition. When he came to Saint-Savin, he could not help but be struck by the convergence between his work for the Halle, where he had attempted to create a monumental space where fresco backgrounds of Renaissance Italian painting, in natural tones, suddenly loomed, and the monumental beauty of the romanesque body of the church bathed in the light of Saint-Savin, its columns in fresh colors – this atmosphere both precious and joyous, entirely Byzantine, so close in spirit to Ravenna. However, at Saint-Savin, the relationship with history is more intense, the question is more pressing, touching on what interests Georg Ettl, the existential question around which all his previous work has revolved without directly addressing it.

It emerged in a tortured, indeed mannered, way, from everything that encumbered it in the history of art. During a long approach, he had to make his peace with his predecessors, Caravaagio as much as with Durer or Picasso, as with the Egyptian tradition, the Renaissance, indeed with the world of the icon. Working successively and systematically, on precise formal problems – space, materials, shape, color, he succeeded in liberating himself from the weight of the past, not to dismiss it but rather to assimilate it, to digest it and finally to confront the existential questions which disturbed him, finding his own language in order to slip into a furtive space, through only the formal work, without any more formalist baggage.

The silent fracas of his smiling armies, this pale encounter with the spectator, questioning, suspended, the uncolored shapes of this Combat of the Kings, without shadow, without flesh, by means of a demonstration. Georg Ettl's work in the refectory of Saint-Savin engages itself with the text, with the Romanesque fresco, with time, a vigorous and peaceful body which the visitor reacts to physically, squeezed between the strange vertical projection of an entirely cerebral reflection and the colorful tumult of a battle unfolding at his feet. Ettl's characters are drawn standing, as if they were springing out of the floor, raised up, erect, but thread-like, they emerge from a far-off memory, marking time, victorious, living and ironic, and are the traces of a lively reflection which grabs and shakes up the spectator, focing him to enter into this nowhere where he doesn't want to tread: into the unease of the necessary questioning.

Within the current debate about sacred art, Georg Ettl seems to bring the virtue of prudence of a position in which the form seems to be on guard against its possible derivations and to return to the original idea of a Nicephore the Patriarch in his famous *Discours contre les iconoclastes* ([Discourse against the Iconoclasts]) who presents us with a theory of the line as an potential for welcoming a presence. In our time, we can reproach these shapes for not being inhabited. But perhaps is it because this epoch sees the invention of a new more rigorous approach, after having experienced a reawakening of the radical reexamination of the content of the image? Regardless, we can rejoice in the confrontation at Saint-Savin.

Philippe Sers
Translated by Jane McDonald

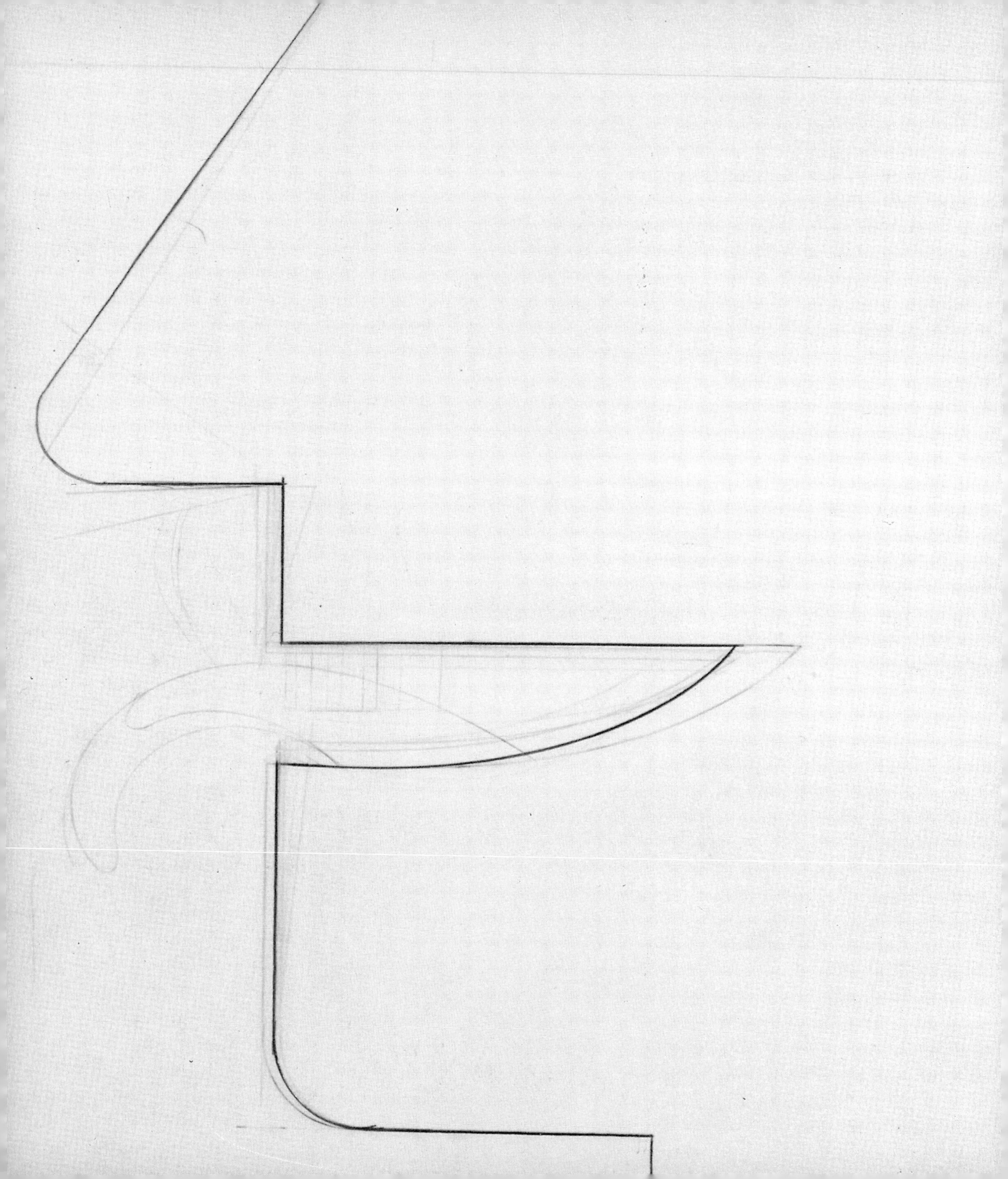

Georg Ettl: La Force du signe

par Philippe Piguet

De bien étranges figures, en vérité. D'autant qu'il est difficile de dire le monde auquel elles appartiennent. Tout à la fois répétitives, silhouettées et anonymes, elles déterminent sur les cimaises de la chapelle Jeanne d'Arc comme un cortège silencieux et rituel. Ici, une succession de sonneurs de trompettes ; là, de violonistes. Là encore, les figures graciles de simples marcheurs, jambe gauche relevée et repliée, jambe droite légèrement fléchie, l'allure quelque peu militaire.

De bien étranges figures, en effet. Simplement dessinées d'un trait au pastel sec sur le mur, vides de tout détail, dénuées de toute anecdote. Des figures qui semblent s'être glissées subrepticement en surface, qui l'affleurent à peine hésitant entre une apparition et une disparition. Des figures qui se dressent toutes sur la pointe de leurs pieds et dont le pas feutré, le mouvement balancé et la tête, également inclinée, suggèrent une mystérieuse chorégraphie.

De bien étranges figures, vraiment. Privées de leurs bras, le visage aveugle, le corps lisse et la tête rasée. Toutes disposées par types, à la queue leu leu, en une frise qui renvoie tant à ces processions d'une peinture primitive soucieuse du principe d'isocéphalie qu'à l'image dynamique de ces images chronophotographiques de la fin du XIX\ :sup siècle. Des figures à mi-chemin entre un monde de fantoches mécanomorphes dans la pure tradition d'un théâtre d'ombres et une humanité désincarnée, de douloureuse mémoire.

Face à ces figures de Georg Ettl, nous voici ballottés d'une extrémité à l'autre de l'Histoire. Du primitif au contemporain, et vice versa. Comment ne pas songer en effet à ces fresques d'un autre temps dont les saynètes sans cesse rabâchées relatent les heures, tour à tour glorieuses et dramatiques, de personnages dont on ne sait plus s'ils ont ou non existé, s'ils sont mythe ou réalité ? Comment ne pas songer à toute cette iconographie de figures allégoriques, organisées en d'interminables théories, dont s'est repu le symbolisme en quête de vêtir l'idée d'une forme ? Si leur aspect archétypal et leur caractère universel sont autant de qualités qui les rendent familières de productions d'artistes aussi divers que Giotto ou Uccello, leur tournure schématique et leur force d'expression n'en rappellent pas moins celles d'un de Chirico, d'un Schlemmer ou d'un Matisse.

Ettl n'a jamais caché son admiration pour les peintres de la Renaissance et il sait les conventions mises en œuvre à cette époque pour représenter toutes sortes de figures, qu'elles soient humaines, animales ou architecturées. En de nombreuses occasions, il a repris à son compte certains des motifs créés par ces artistes du temps passé tout en les instruisant d'une « modénature postmoderne » (Jean-François Dumont). Ettl appréhende le principe de répétition qui gouverne ses fresques – ici en la chapelle Jeanne d'Arc de Thouars, comme il en est au château voisin d'Oiron et ailleurs – comme un moyen de conférer à ses œuvres « un caractère de stabilité, de simplicité et de clarté ». Dans le contexte d'une réflexion plus élargie sur l'exigence de beauté que la société industrielle se doit d'avoir, il s'attache notamment à montrer au travers d'une telle pratique « qu'il n'existe pas forcément de contradiction entre la répétition ou la production de masse et l'esthétique ». La démarche de Georg Ettl s'inscrit donc en manifeste d'une réflexion qui vise à rapprocher le fait de création d'une pensée contingente, voire matérialiste, propre à une époque, et par delà ses travers, dans une sorte de complicité partagée avec des artistes comme Léger et Matisse.

L'importance prêtée par eux à la question du *décoratif,* entendu au meilleur sens du mot quand il désigne une occupation de surface et un rapport proprement architecte à l'espace, trouve chez Ettl des résolutions plastiques que ceux-ci ne désavoueraient pas. Comme ses aînés – et comme cela l'a été de tous temps dans l'histoire de l'art mural –, l'artiste entretient au regard de son travail une certaine distance, déléguant volontiers l'acte d'exécution à un tiers collaborateur. Si celui-ci opère dès lors en praticien, il le fait en interprète d'un programme préalablement défini – un programme iconographique précis, comme on en parlait jadis – selon les directives et les consignes du concepteur de l'ouvrage.

Tout comme il en est chez l'auteur de « La danse », et pour reprendre la façon dont il parlait de son art, la démarche de Georg Ettl procède d'un désir d'« abstraction sur racine de réalité ». Le réel n'y est pas aboli, il est simplement transmuté. Ettl continue de traiter le motif dans la tradition occidentale de l'esthétique de l'imitation – la *mimesis* – mais tous ses soins visent à passer d'un art de la représentation à un art de la présence. Sans verser pour autant jusque dans la *metexis,* qui relève d'une esthétique de la participation et induit l'idée résolue d'un art sacré, l'œuvre de Georg Ettl cultive la question de l'icône. Tout comme Matisse qui, lorsqu'il traite de sujets sacrés, n'en reste pas moins un artiste fondamentalement profane, ce qui n'occulte en rien la dimension spirituelle de sa démarche. Si Georg Ettl s'est souvent trouvé dans la situation de répondre à des commandes qui relèvent ordinairement de ce que l'on appelle « l'art sacré », sa façon de travail procède toujours d'une pratique quasi industrielle du dessin au moyen d'une règle, d'un compas et de crêpe adhésif.

Ses frises dont la sobriété graphique le dispute à une occupation tous azimuts de l'espace en appellent aux modes conjugués de la fresque et du wall drawing par cette façon particulière qu'a l'artiste d'appréhender finalement le mur comme le lieu d'une épiphanie. Ses figures n'y sont pas appliquées mais révélées, au sens le plus fort de l'expression. Elles n'émergent pas d'une mémoire enfouie, elles en sourdent, imposant au regard bien plus la force d'un signe que l'étendue d'un nombre.

P. P.

Georg Ettl: The Power of Signs.

by Philippe Piguet

Strange figures indeed. Doubly so, given our difficulty in determining exactly where they come from; processing in silence around the walls of the Jeanne d'Arc chapel, a ritual succession of repetitive and anonymous silhouettes; here a row of trumpeters, there a group of violinists, graceful outlines of walkers, left leg poised, right leg slightly bent with quasi-military stiffness.

These figures are distinctly odd; just simple pastel crayon outlines with no other details to fill them in. They seem to materialise on the wall surface, as if briefly hesitating before disappearing once more. Heads bowed, the figures sway forwards on tip-toes, like a mysterious company of dancers.

Odder still, they have no arms, their faces are featureless, bodies smooth and heads clean shaven. Organised by type in a long frieze-like file that resembles early Renaissance paintings filled with repeated figures scupulously drawn to the same size, they also bring to mind late 19th century experiments in time-lapse photography of subjects in motion. The figures are a cross between mechanical puppets that have stepped straight out of a shadow show and a sad sample of disembodied humanity.

Contemplating this, the spectator is thrown backwards and forwards in time, from early then to contemporary art and back again. One moment we recognise the style of innumerable fresco paintings relating glorious and dramatic scenes where mythmaking is often hard to separate from reality and the next moment find ourselves in the world of symbolism, replete with its interminable permutations of allegorical figures, constantly searching for forms to hang ideas on. Whilst the archetypal and universal nature of these figures conjures up artists as diverse as Giotto or Uccello, their schematic and expressive character also reminds one of de Chirico, Schlemmer or Matisse.

Georg Ettl has never hidden his admiration for Renaissance painters and is fully aware of conventions used at the time to represent human, animal or architectural forms. He regularly seizes upon certain characteristic traits borrowed from artists of this period and injects his own dose of "postmodern de-structuring" (cf. Jean-François Dumont). Conscious repetition – e.g. at the Jeanne d'Arc chapel in Thouars or in the neighbouring château d'Oiron – is used as a means to give his frescoes "stability, simplicity and clarity". On a broader level, relating to the need for beauty in an industrial society, Ettl's wall drawings demonstrate that "no obvious contradiction exists between repetition or mass production and aesthetic concerns". Georg Ettl's approach is therefore a plea in favour of accepting creative ideas, even materialistic ones that belong to a particular historical period, and in this he is close to artists such as Léger and Matisse who treated decoration in its best sense as a covering of surface or architectural occupation of three-dimensional space. The same can be said of Ettl's work which certainly would not have been incomprehensible to Léger or Matisse.

Like the latter, and following a well-established tradition in the history of mural painting, Ettl willingly delegates actual execution of his work to others, and thus succeeds in maintaining a certain distance between himself and his own production. Those who collaborate with him therefore follow a predetermined iconographical plan and must interpret the artist's precise instructions.

George Ettl's approach may be summed up in the words of the painter of "La Danse" as an attempt to ensure "abstraction is rooted in reality". Reality is not banished but merely transformed. Ettl continues to treat decorative forms within the Western tradition of "*mimesis*" or imitation – but simultaneously moves from representation towards an art that addresses presence. The icon is undoubtedly a central issue in Ettl's work, though it never becomes an exercise in "*metexis*" i.e. inducing active participation and thereby acquiring the characteristics of sacred art. Not unlike Matisse, when Ettl engages a religious theme, the result is clearly the work of a secular artist despite an obvious spiritual dimension. Often receiving commissions from church bodies, Ettl resolutely approaches them as an industrial draughtsman would, equipped with ruler, compasses and masking tape.

His soberly drawn friezes, regularly overflowing into three-dimensions, combine fresco with wall drawing techniques in a way that makes it plain that, for Georg Ettl, a wall provides the perfect place for spiritual revelation. His figures appear like manifestations rather than drawn additions. They don't simply materialise as if from some past memory or draw power from their number; they literally well up with all the force of a sign.

Philippe Piguet
Translated by Jonathan Bass

Monument pour Karl Fegers,
Mönchengladbach (Allemagne), 1990

Table des œuvres reproduites
Table of works reproduced

<u>NOTA</u> : Dans le catalogue les légendes sont imprimées en français, langue du pays d'édition ; ci-dessous, les titres originaux sont soulignés et suivis de leur traduction en français et en anglais.

Since this catalogue was published in France, the captions are appear in French inthe text : below, the originals titles are underlined and followed by their translations in French and English.

en couverture :
Mensch nach Picasso [*L'Humain après Picasso/Mankind after Picasso*], 1985
fer galvanisé, marbre, lettres à la feuille d'or/
galvanise steel, marble, letters in gold leaf
190 x 55,6 x 38,7 cm
collection Eiler (États-Unis)

p. 1
Babylon [*Babylone/Babylon*], 1996
papier peint/wallpaper
rouleau : 105 x 53,5 cm

p. 4
Starry Night [*Nuit étoilée*], 1973
fusain/charcoal
150 x 100 cm

p. 6
Goldgeflecktes Resopalobjekt mit Federn
[*Objet en formica avec des plumes/
Formica Object with Feathers*], 1973
formica et plumes de dinde/
formica and turkey feathers
52 x 63 x 38 cm
collection Borie, Bordeaux (France)

pp. 10, 11, 12, 13
Vue d'exposition/Exhibition View,
Städtisches Museum Mönchengladbach
(Allemagne), 1977

p. 11
Pudel [*Caniche/Poodle*], 1976
béton et feuille d'or/concrete and gold leaf
42 x 49,5 x 41 cm

p. 12
Skulptur mit Vorhang [*Sculpture avec rideau à plis/Sculpture with Ruffled Curtain*], 1974
béton et taffetas/concrete and taffeta
57,5 x 55 x 37 cm

p. 13
Objekt mit Vorhang [*Objet avec rideau/Object with Curtain*], 1974
bois, tôle et velours/
wood, sheetmetal and velvet
65 x 58 x 26 cm

collection Cladders, Krefeld (Allemagne)
p. 17
Schaukelpferd [*Cheval à bascule/Rocking Horse*], 1967
bronze et pierre/bronze and stone
60 cm de haut/high
collection Sklar, Californie (États-Unis)

p. 19
Amphitheater [*Amphithéâtre* (vue de chantier)/*Amphitheatre* (View of building site)], 1980
Viersen (Allemagne), 1980

pp. 20, 21
Amphitheater
[*Amphithéâtre* (vue d'ensemble)/
Amphitheatre (General View)], 1980
pierre et béton/stone and concrete
Viersen (Allemagne)

p. 22
Amphitheater [*Amphithéâtre* (détail)/
Amphitheatre (detail)], 1980
pierre et béton/stone and concrete
Viersen (Allemagne)

p. 23
Diptychon mit sechs Pferdeköpfen
[*Diptyque avec six têtes de chevaux/
Diptych with Six Horse Heads*], 1977
formica et feuille d'or/formica and gold leaf
121,5 x 250 x 11 cm chaque/each panel

pp. 24, 25
Model für eine monumentale Stahlskulptur
[*Maquette pour une sculpture monumentale/
Model for a Monumental Sculpture*], 1983
carton peint/painted carton
47 cm de haut/high

p. 27
St Albertus [*Saint-Albertus/St Albertus*], 1985
Facade d'église avec girouette et portail/
Church Façade with Weathervane and Portal,
Mönchengladbach (Allemagne)

p. 28
Gepeinigter (Nach Robert Campin)
[*Larron* (d'après Robert Campin)/
Robber (after Robert Campin)], 1980
aquarelle et feuille d'or/aquarelle and gold leaf
77 x 53 cm

p. 29
Vue d'atelier/Studio View,
Viersen (Allemagne), 1988

p. 31
Musée d'Égalité (recto du carton d'invitation et vue d'accrochage/Front of the Invitation Card and Hanging View)
Kaiser Wilhelm Museum, Krefeld
(Allemagne), 1987

pp. 32, 33
Musée d'Égalité (vue d'exposition/
Exhibition View), Kaiser Wilhelm Museum,
Krefeld (Allemagne), 1987

pp. 35, 36, 37, 38
Die Halle [*Le Hall* (détails)/
The Hall (details)], 1982-1985
peinture murale/wall painting
Hall d'entrée du Kreishaus (Hôtel de Région)/Kreishaus' Entrance Hall
Viersen (Allemagne)

p. 39
Stadt auf Hügel [*Ville sur colline/
City on Hill*], 1985-1989
laque sur tôle/painted sheetmetal
192 x 574 x 3 cm

p. 40
Dach [*Toit/Roof*], 1991
laque sur tôle/painted sheetmetal
112 x 81 x 2,5 cm
collection Borie, Bordeaux (France)

p. 41
Mondrian grau, Mondrian grün
[*Mondrian gris, Mondrian vert/
Mondrian Grey, Mondrian Green*], 1991
laque sur tôle/painted sheetmetal
82,2 x 90,2 x 2,5 cm chaque/each

pp. 43, 44
Schwimmbad [*Piscine* (détails)/
Swimmingpool (details)], 1991
Viersen (Allemagne)
collection privée

p. 45
Vue d'exposition/Exhibition View,
Neueraachenerkunstverein (Allemagne),
1994

p. 46
en haut à gauche/upper left :
Mensch im Wasser [*Humain dans l'eau/
Human in Water*], 1991
laque sur tôle/painted sheetmetal
96 x 78,3 x 2,5 cm

en haut à droite/upper left :
Mensch (Gesicht nach unten)
[*Humain visage en bas/
Human Face Down*], 1991
laque sur tôle/painted sheetmetal
96 x 115 x 2,5 cm

en bas à gauche/lower left :
Liegender [*Humain se couchant/
Human Lying Down*], 1991
laque sur tôle/painted sheetmetal
96 x 117 x 2,5 cm

en bas à droite/lower right :
Mensch auf weißem Grund
[*Humain sur fond blanc/
Human on white background*], 1991
laque sur tôle/painted sheetmetal
96 x 78,3 x 2,5 cm

p. 47
Hund (Kopf) [*Chien (tête)/Dog (Head)*], 1991
laque sur tôle/painted sheetmetal
82,2 x 84,5 x 5 cm

p. 48
Figurenstudie nr 9 [*Étude de figure n°9/*
Figurestudy #9], 1990
crayon sur papier/pencil on paper
100 x 70 cm

p. 62
Adam (hochlänzend) [*Adam (brillant)/*
Adam (shinning)], 1989
laque sur aluminium/painted aluminium
95,5 x 58 x 3,6 cm

p. 63
Stehender Kopf [*Tête debout/*
Standing Head], 1986
marbre sablé/sandblasted marble
114 x 88 x 2 cm
collection Tegeleers (Allemagne)

p. 64
Stehender Kopf [*Tête debout/*
Standing Head], 1986
marbre sablé/sandblasted marble
114 x 88 x 2 cm
collection Schaut (Allemagne)

p. 65
Knickkopf [*Tête inclinée/*
Inclined Head], 1987
marbre sablé/sandblasted marble
88 x 114 x 2 cm
collection Pieper (Allemagne)

p. 66
Stehender und Liegender Kopf
[*Tête debout/Tête couchée /*
Standing Head/Lying Head], 1987
pierre sablée/sandblasted stone
114 x 88 x 2 cm et/and 88 x 114 x 2 cm
collection Döhmen (Allemagne)

p. 67
Vue de l'exposition/Exhibition View
"Schlaf der Vernunft",
Museum Fridericianum Kassel
(Allemagne), 1988

p. 68
Vue d'exposition [Exhibition View],
Grevenbroich (Allemagne), 1995

p. 69
Fries aus 28 Köpfen [*Frise de 28 têtes/*
Frieze of 28 heads], 1995
métal peint/painted metal
95 cm de haut/high
Tribunal d'Euskirchen (Allemagne)/
Courthouse in Euskirchen (Germany)

p. 70-71
Schaufelrad [*Grande roue/Big Wheel*], 1995
sculpture monumentale en acier peint/
monumental sculpture, painted steel
8 m de haut/high
Jardin de Grevenbroich (Allemagne)

p. 73
Entwurf II (Chevaux d'Oiron)
[*Étude préparatoire pour les Chevaux*
d'Oiron II / Study II (Oiron Horses)], 1991
feutre couleurs sur photomontage/
felt pen on fotos
35 x 60 cm
collection FNAC (Fonds national d'art
contemporain), France

pp. 74, 75
Vue d'atelier avec *Études pour les*
Chevaux d'Oiron [Studio View with
Study of Oiron Horses], 1992
crayon sur papier/pencil on paper

p. 76
Studie für *Entwurf I (Chevaux d'Oiron)*
[*Études pour les Chevaux d'Oiron/*
Study for Oiron Horses], 1991
crayon sur papier/pencil on paper
10 x 13 cm

p. 77
Les Chevaux d'Oiron (détail)
[*Oiron Horses* (detail)], 1991-1993
peinture murale/wall painting
275 x 304 cm

p. 78
Études pour Oiron [*Oiron Studies*], 1991
aquarelle sur photocopie/
aquarelle on photocopy
7 x 8 cm chaque/each

p. 79
Études pour Oiron [*Oiron Studies*], 1991
crayon sur calque/
pencil on transparency paper

p. 80
Figur auf Sockel [*Humain sur socle/*
Human on Pedestal], 1994
fonte de fer/cast iron
265 cm de haut/high
vue d'exposition/exhibition View,
Château d'Angers, 1996

p. 81
Vue d'atelier/Studio View,
Viersen (Allemagne), 1989

pp. 82, 83
Apocalypse, La Chute de Babylone (détails)
[*Apocalypse, The Fall of Babylon* (details)],
1995
dessin mural/wall drawing
370 x 568 cm

et *Femme d'après Picasso*
[*Woman after Picasso*], 1979
aquarelle et feuille d'or/aquarelle and gold leaf
73,5 x 52,7 x 2 cm
Galerie Jean-François Dumont, Bordeaux
(France), 1995-1996

p. 85
Maria mit dem Kinde [*Madone à l'enfant/*
Madona and child], 1998
tôle émaillée/enamel metal
50 x 43 cm

p. 86
Heilig Geist Kirche (detail Tanz unes
Goldene Kalb) [*Église du Saint-Esprit*
(détail de la *Danse autour du Veau d'Or*)/
Church of The Holy Spirit (detail of the
Dance around Golded Calf)], Neuss
(Allemagne), 1991-1999

pp. 87, 88, 89, 90
Heilig Geist Kirche [*Église du Saint-Esprit/*
Church of The Holy Spirit],
Neuss (Allemagne), 1991-1999

p. 91
Heilig Geist Kirche (detail Paradies)
[*Église du Saint-Esprit* (détail du *Paradis*)/
Church of The Holy Spirit (detail of
Paradise)],
Neuss (Allemagne), 1991-1999

p. 92
Heilig Geist Kirche
[*Église du Saint-Esprit* (détail du mur de
L'Ancien Testament)/*Church of The Holy*
Spirit (detail of *Old Testament* wall)],
Neuss (Allemagne), 1991-1999

p. 93
Heilig Geist Kirche,
[*Église du Saint-Esprit* (détail du mur du
Nouveau Testament)/*Church of The Holy*
Spirit (detail of New Testament wall)],
Neuss (Allemagne), 1991-1999

p. 94
Stüdie für *Die Gepeinigten*
[Étude pour *Suppliciés/*
Study for *Tortured*], 1995
crayon sur papier/pencil on paper
53,7 x 37,2 cm

p. 95
Die Gepeinigten [*Suppliciés/Tortured*], 1995
bois peint/painted wood
105 cm de haut/high

p. 97
Springer, Model für Projekt Karlsplatz,
Krefeld [*Plongeurs*, maquette pour la
Karlsplatz, Krefeld (Allemagne)/*Divers*,
Model for the Karlsplatz, Krefeld
(Germany)], 1990
bois peint/painted wood
19 cm de haut/high

p. 99
Gitter [*Grilles/Fence*], Museumhof Kaiser
Wilhelm Museum, Krefeld (Allemagne),
1997
métal/metal construction
environ 3 m de haut/high

p. 101
Étude pour les vitraux de Saint-Barnard
[Study for Windows of St Barnard],
Romans (France), 1999
photocopie et feutre/photocopy and feltpen
30 x 30 cm
réalisation finale Ø 164 cm

pp. 102, 103
Études pour les vitraux de Saint-Barnard
[Studies for Windows of St Barnard],
Romans (France), 1999
photocopie et feutre/photocopy and feltpen
66,5 x 39 cm chaque/each
réalisation finale 4,82 x 2,45 m

pp. 104, 105
Vitraux de Saint-Barnard (détails)
[Windows of St Barnard (details)],
Romans (France), 1999

p. 107
Réfectoire de l'Abbaye de Saint-Savin
[Refectory of St Savin Abbey], Saint-Savin
sur Gartempe (France)

pp. 108, 109
Le Combat des rois
[*The Combat of the Kings*], 1999
études pour le Réfectoire de l'Abbaye de
Saint-Savin sur Gartempe (France)/
studies for Refectory of St Savin Abbey
crayon sur calque/
pencil on transparency paper
110 cm x 80 cm

p. 110
Le Combat des rois (détail)
[*The Combat of the Kings*], 1999
crayon sur mur/pencil on wall
Abbaye de Saint-Savin sur Gartempe
(France)

p. 111
Pot de fleurs et de danseurs
[*Pot of Flowers and Dancers*], 1999
bois peint/painted wood
1 m de haut/high

p. 112
Vue de l'exposition/Exhibition View
"Danses", Chapelle Jeanne-d'Arc, Thouars
(France), 2000

p. 113
Musiciens avec trompettes (détail)
[*Musicians with trompets* (detail)], 2000
pastel sur mur/pastel on wall
2,65 m de haut/high
Chapelle Jeanne d'Arc, Thouars (France)

p. 114
Musiciens avec violons (détail)
[*Musicians with violins* (detail)], 2000
pastel sur mur/pastel on wall
2,65 m de haut/high
Chapelle Jeanne d'Arc, Thouars (France)

p. 115
Danseurs (détail)
[*Dancers* (detail)], 2000
pastel sur mur/pastel on wall
2,65 m de haut/high
Chapelle Jeanne d'Arc, Thouars (France)

pp. 116, 117
Études pour *Le Combat des rois* (détail)
[Study for the Combat of the Kings
(detail)], 2000
crayon sur calque/
pencil on transparency paper
Saint Savin (France)

p. 118
Studie für *Kopf* [Étude de *Tête* (détail)/
Head Study (detail)], 1986
crayon sur papier/pencil on paper
157 x 120 cm

p. 130
Studie für *Kopf* [Étude de *Tête* (détail)/
Head Study (detail)], 1988
crayon sur papier/pencil on paper
79 x 62 cm
collection privée (République Tchèque)

p. 136
Karl Fegers Gedenkstele
[*Monument pour Karl Fegers/
Monument for Karl Fegers*], 1990
granit et métal laqué/
granit and painted metal
244 cm de haut/high
École de musique de Mönchengladbach
(Allemagne)

p. 141
Babylon [*Babylone/Babylon*], 1996
papier peint/wallpaper
rouleau : 105 x 53,5 cm

p. 142
en haut à gauche/upper left :
Der Kuß [*Le Baiser/The Kiss*], 1998
tôle émaillée/enamel metal
Ø 47,5 x 1 cm
édition illimitée/unlimited edition
en haut à droite/upper right :
Schweinehirt [*Porcher/Pig Herder*], 1998
tôle émaillée/enamel metal
Ø 47,5 x 1 cm
édition illimitée/unlimited edition
en bas à gauche/left lower side :
Gamelles [*Gamelles/Pans*], 1998
tôle émaillée/enamel metal
Ø 30 et 40 cm
édition illimitée/unlimited edition

p. 143
en haut/upper left :
Beistelltisch [*Tables gigogne/
Table set*], 1997
bois/wood
55 x 55 x 42 cm
en bas/lower side :
Esstisch [*Grande table/
Dining table*], 1997
chêne massif/Oak wood
77 x 160 x 85 cm

p. 144
en haut/upper :
Couverture du catalogue de l'exposition
[Coversheet of catalog of the exhibition]
"Kopf", Kaiserslautern (Allemagne), 1992
36 x 23 cm
en bas/lower side :
Affiche de l'exposition au Musée d'Art
Moderne de Tokyo [Poster for exhibition at
The Modern Art Museum of Tokyo] "Color
and/or Monochrome. A Perspective on
Contemporary Art", 1989
60 x 40 cm

pp. 146, 148, 149
Couverture et gravures sur bois extraites
de [Coversheet and wood cuts extrated
from] *Literatur am Niederrhein* n°42,
Krefeld (Allemagne), mai 1999

p. 147
Couverture de [Coversheet of] *Juni n°2*,
Dornbusch, (Allemagne), juin 1988

p. 150
Kopf [*Têtes/Heads*]
extraites de *Maßstäbe*, édition publiée par
Helge Drafz et Reinhard Tiedmann pour le
50ᵉ anniversaire de l'artiste, Krefeld
(Allemagne), 1990
[in the publication *Maßstäbe*, edited by
Helge Drafz and Reinhard Tiedmann for the
50ᵗʰ birthday of the artist, Krefeld
(Germany), 1990)]

p. 152
Apocalypse, La Chute de Babylone (détail)
[*Apocalypse, Babylon Downfall* (detail)],
1995
dessin mural/wall drawing
370 x 568 cm
Galerie Jean-François Dumont, Bordeaux
(France), 1995-1996

Atelier Ettl 1996

Parallèlement à son œuvre picturale, sculpturale et monumentale, Georg Ettl développe toute une activité d'édition d'images, revues, objets, meubles, ustensiles ménagers, activité qu'il considère avec une égale importance à la première et labellise sous le nom d'"Atelier Ettl".
L'exposition au Château d'Angers en 1996, où est visible la célèbre tenture de l'Apocalypse, lui offrit la première occasion de confectionner le papier peint "Babylon", commercialisé depuis par catalogue de vente par correspondance. L'artiste, qui a par ailleurs une histoire particulière avec la technique – il est dessinateur industriel et constructeur de machines de formation –, s'en réfère volontiers à l'âge industriel qui est le nôtre pour légitimer cette pratique identifiée à l'idée de production de masse. Mais le soin apporté de façon équivalente à chacun des objet édités, le refus d'en limiter le tirage comme de souscrire à un quelconque principe de distinction entre la première édition et les suivantes trahissent un souci d'un autre ordre. Ettl revendique en effet une position de philosophe pour l'artiste, censé penser de manière logique l'inscription de son travail dans la société. Ceci aura pour conséquence, en ce qui le concerne, d'intégrer à sa proposition esthétique les moyens d'une diffusion plus démocratique qu'élitiste. Il aime aussi à penser que l'artiste peut être celui qui "améliore" notre quotidien, apportant au lieu même de l'activité humaine, tant sociale que domestique, une vision un peu différente, à la fois intellectuelle et visuelle, cultivée et immédiate, communicante et énigmatique.

"Atelier Ettl"is virtually a label used by the artist to cover a range of disparate works - prints, magazines, objects, furniture, household utensils - produced by the artist and considered by him of equal importance to his other sculptures, paintings and murals. An exhibition in 1996 at the Château d'Angers (famous for its Tapestry of the Apocalypse) provided Ettl with the opportunity to create the "Babylon" wallpaper design which is now available commercially and can be purchased by mail order. Ettl's initial education in machine engineering and industrial design is not entirely irrelevant to his defence of mass production as an artistic means and he regularly refers to our time as an age of industry. However, his approach to the question may best be judged from the careful treatment meted out equally to each article, from his refusal to limit production runs or even discriminate between first and production runs of his work. As much a philosopher as an artist, he logically pursues his reasoning on the position of art in society at large. Consequently, in addition to any aesthetic aspect, one must also consider his more democratic, anti-elitist manner of disseminating art. He would like to believe that the artist can actually "improve" our daily lives, so that instead of merely experiencing social or domestic existence, we can see things differently, both visually and intellectually, directly as well as filtered through our own culture, perceiving things both as meaningful and enigmatic.

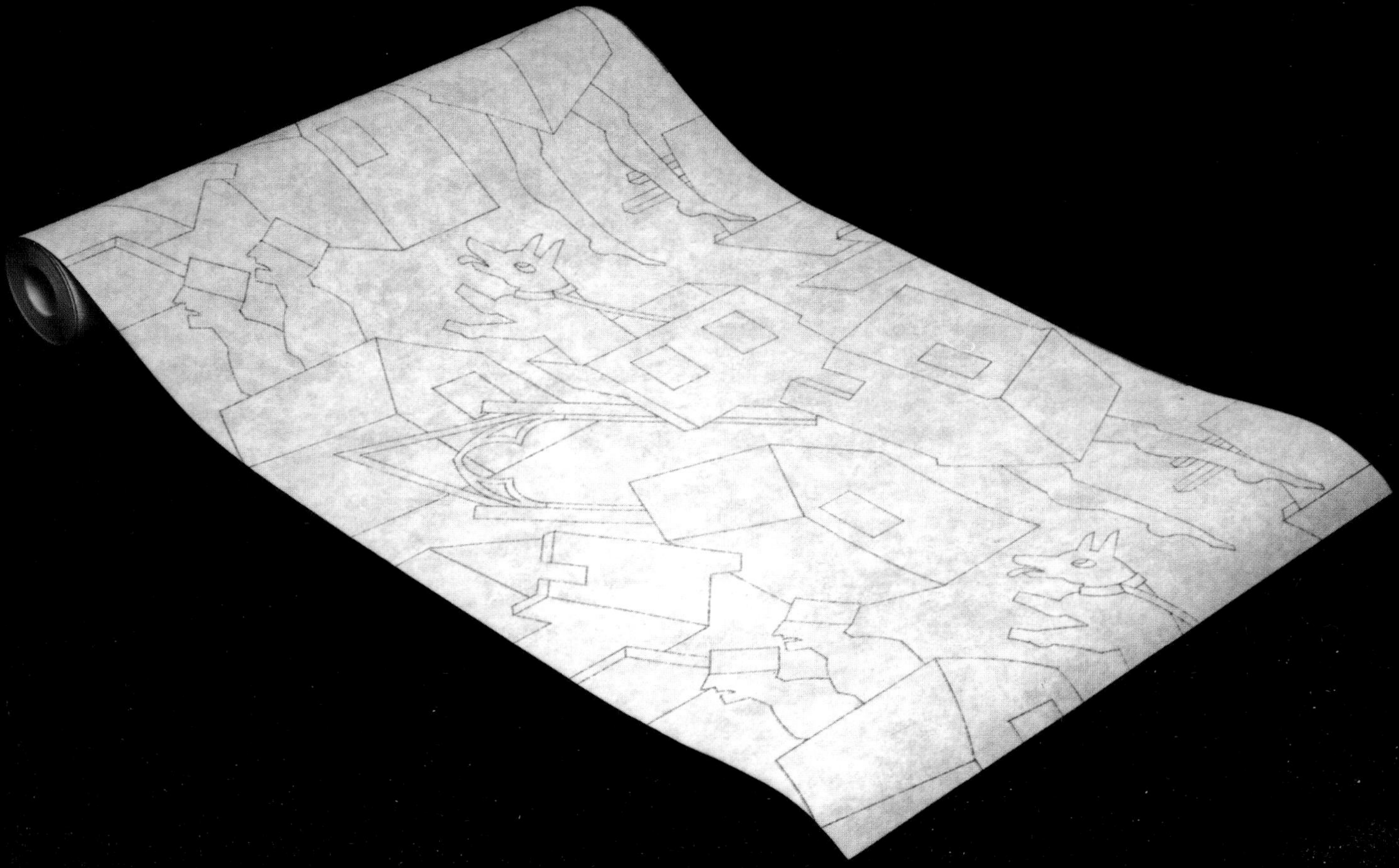

Babylone, 1996

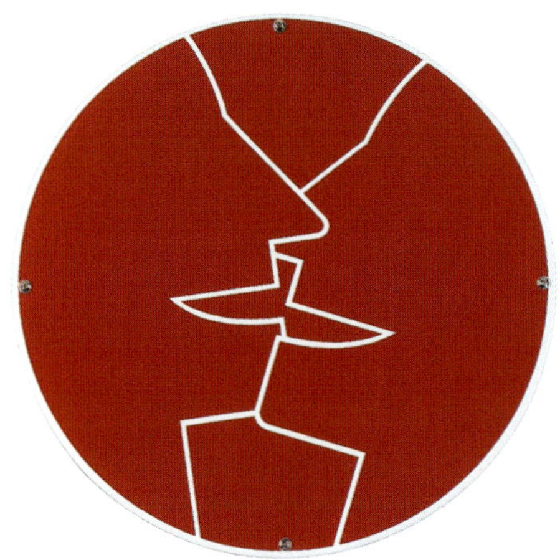

Le Baiser, 1998

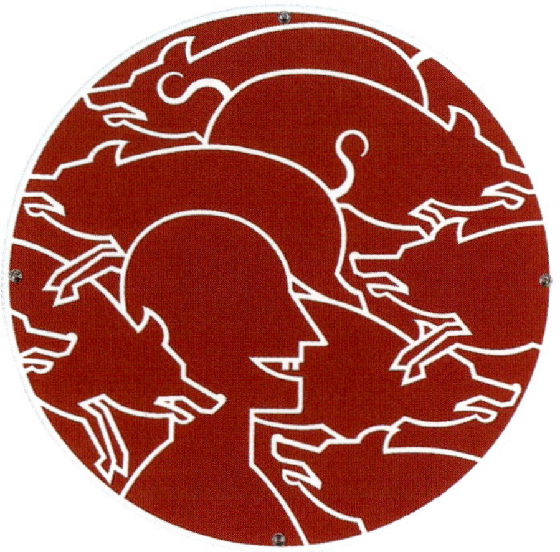

Gardien de cochons, 1998

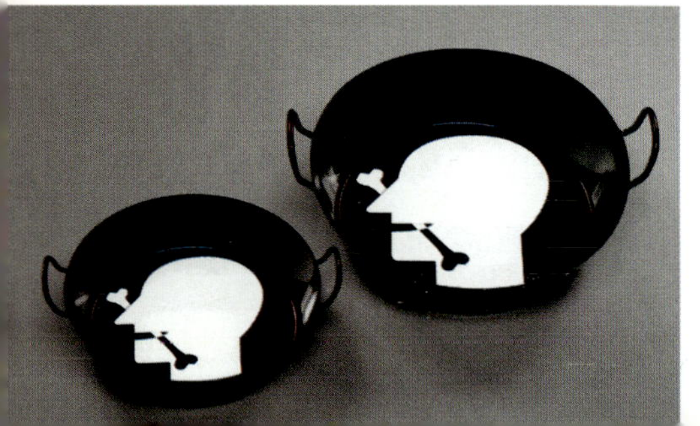

Gamelles, 1998

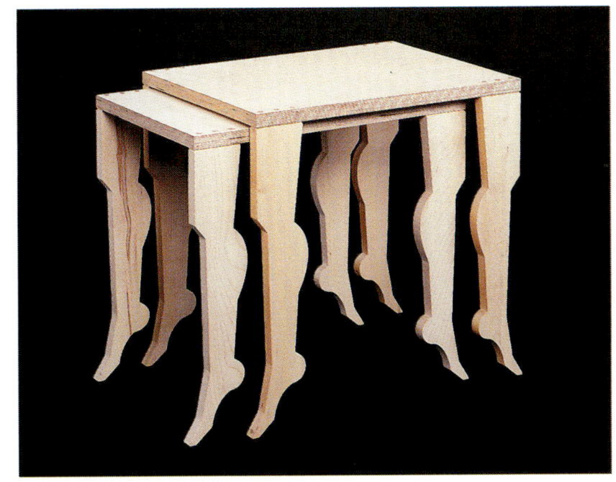

Tables gigogne, 1997

Grande table, 1997

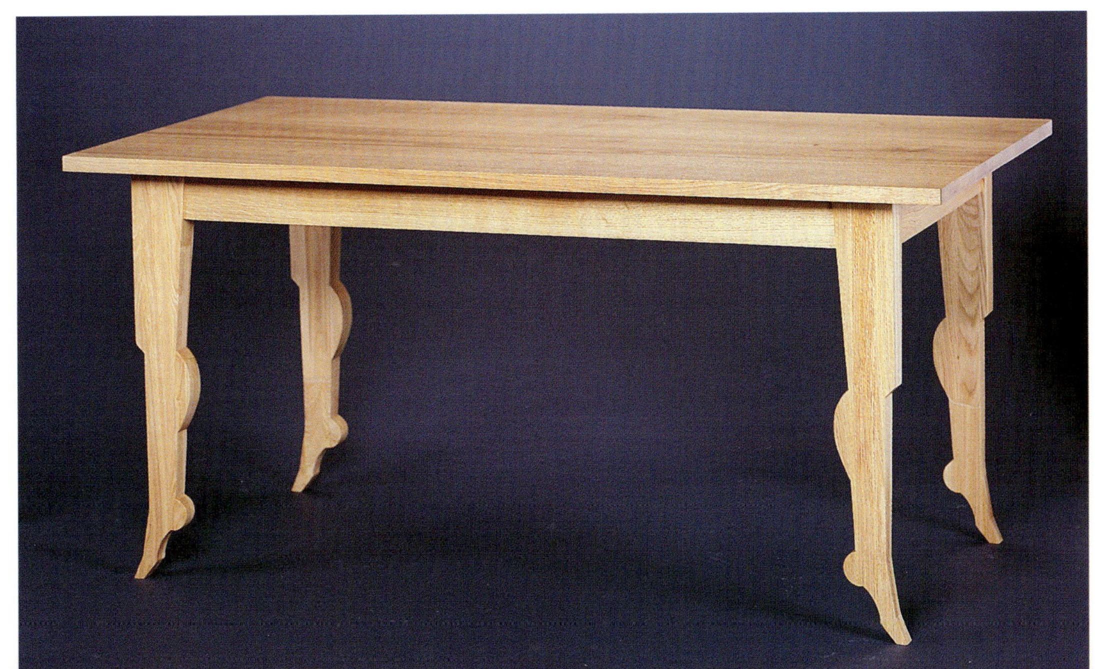

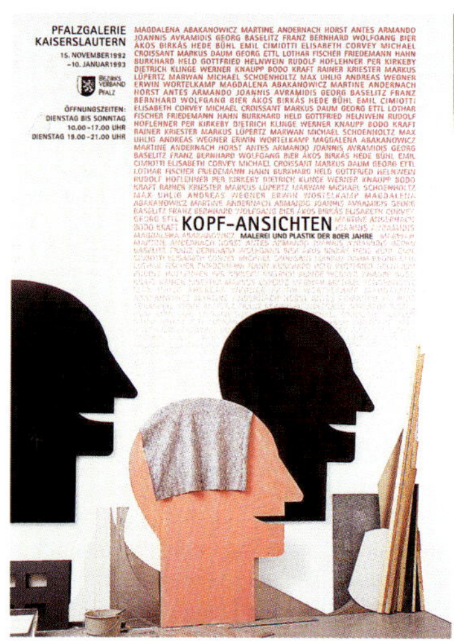

Couverture du catalogue de l'exposition "Kopf",
Kaiserslautern (Allemagne), 1992

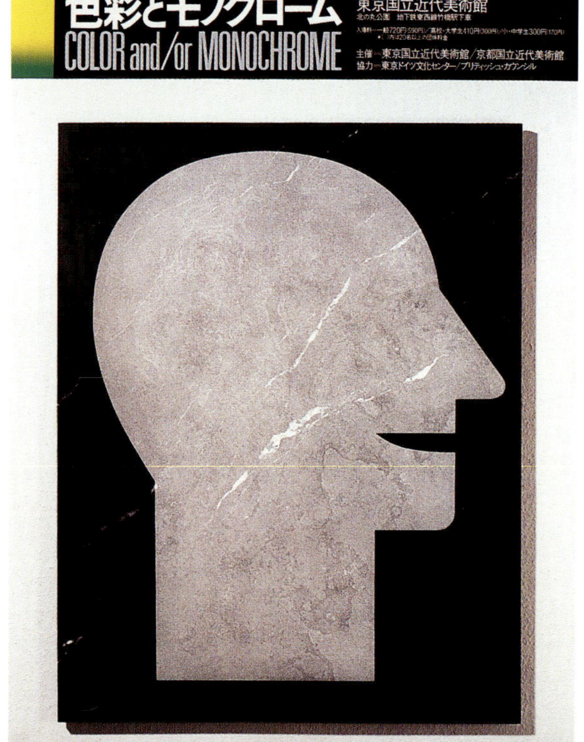

Affiche de l'exposition "Color and/or
Monochrome", Musée d'Art Moderne de Tokyo
(Japon), 1989

GEORG **ETTL**

EXPOSITIONS PERSONNELLES / ONE-MAN EXHIBITIONS

1971	Franklin Siden Gallery, Detroit (États-Unis)
1972	Willis Gallery, Detroit (États-Unis)
1973	Sill Gallery, Eastern Michigan (États-Unis)
1976	Galerie December, Düsseldorf (Allemagne)
1977	Städtisches Museum Mönchengladbach (Allemagne)
1979	Galerie Konrad Fischer, Düsseldorf (Allemagne)
1982	Feigenson Gallery, Detroit (États-Unis)
1983	Kaiser Wilhelm Museum, Krefeld (Allemagne)
1986	Galerie Ingrid Dacic, Tübingen (Allemagne)
1987	*Musée d'Égalité,* Kaiser Wilhelm Museum, Krefeld (Allemagne)
	Städtisches Galerie im Cordonhaus, Cham/Oberpfalz (Allemagne)
	Museum Schloß Hardenberg, Velbert (Allemagne)
1988	Galerie Ingrid Dacic, Tübingen (Allemagne)
1991	Galerie Conrads, Neuss, (Allemagne)
1993	Galerie Ingrid Dacic, Tübingen (Allemagne)
1994	Galerie du Progrès, Lauret (France)
1995	Galerie Jean-François Dumont, Bordeaux (France)
1996	Le Château d'Angers (France)
2000	*Le Combat des rois,* Réfectoire de l'Abbaye de Saint-Savin sur Gartempe (France)
	Danses, Chapelle Jeanne-d'Arc, Thouars (France)
	Georg Ettl : L'Humain apès Picasso, Espace Visitation, Romans (France)
	Decimus Magnus Art et galerie de la Librairie Mollat, Bordeaux (France)
	Georg Ettl : L'Humain apès Picasso, Fonds Régional d'Art Contemporain Limousin, Limoges (France)

EXPOSITIONS COLLECTIVES / GROUP EXHIBITIONS

1967	*Exhibition of Michigan Sculpture,* Birmingham (États-Unis)
1969	*Other Ideas,* Detroit Institut of Arts, Détroit (États-Unis)
1971	*Two Artists from the Common Ground Detroit,* Pennsylvania Academy of Arts Museum, Philadelphia (États-Unis)
1972	*All Michigan Exhibition,* Flint Institute of Arts, Flint (États-Unis)
	Form, Space, Energy, Oakland University, Rochester (États-Unis)
1979	*With a Certain Smile,* Ink, Zürich (Suisse)
1980	*Kick Out the Jams: Detroit's Cass Corridor 1963-1977,* Detroit Institute of Arts, Détroit (États-Unis)
1981	*Georg Ettl, 2. Ausstellung der Jürgen Ponto-Stiftung,* Karmeliter-Kloster, Frankfürt am Main (Allemagne)
1984	*Heimat deine Sterne,* Städtisches Galerie Regensburg (Allemagne)
1988	*Schlaf der Vernunft,* Museum Fridericianum, Kassel (Allemagne)
	Mythos Europa, Kunsthalle, Bremen (Allemagne)
1988-90	*BiNationale: Deutsche Kunst der späten 80er Jahre / The Binational: German Art of the Late 80's,* Kunstsammlung Nordrhein-Westfalen, Städtisches Kunsthalle, Kunstverein für die Rheinlande und Westfalen, Düsseldorf (Allemagne) ; The Institute of Contemporary Art, Museum of Fine Arts, Boston (États-Unis) ; The Minneapolis Institute of Arts, Minneapolis (États-Unis) ; Museum of Contemporary Art, Huston (États-Unis).
	Color and/or Monochrome. A Perspective on Contemporary Art, National Museum of Modern Art, Tokyo (Japon) ; National Museum of Modern Art, Kyoto (Japon).
1990	*Skulpturen für Krefeld 2,* Kaiser Wilhem Museum, Krefeld (Allemagne)
1992	Drawing Space, Kentler International, New York (États-Unis)
	Kopf-Ansichten. Malerei und Plastik der 80er Jahre, Pfalzgalerie Kaiserlautern 1992-1993 ; Städtisches Museum Heilbronn, (Allemagne)
1994	*Tierreich,* Interimsgalerie des Künstler, München (Allemagne)
	Zuichnungen der 80er Jahre, Bundesrepublik Deutschland (Allemagne)
1995	Fiac, Galerie Jean-François Dumont, Paris (France)
1996	Galerie Jean-François Dumont, Bordeaux (France)
	Les Chevaux d'Oiron, Château d'Oiron (France)

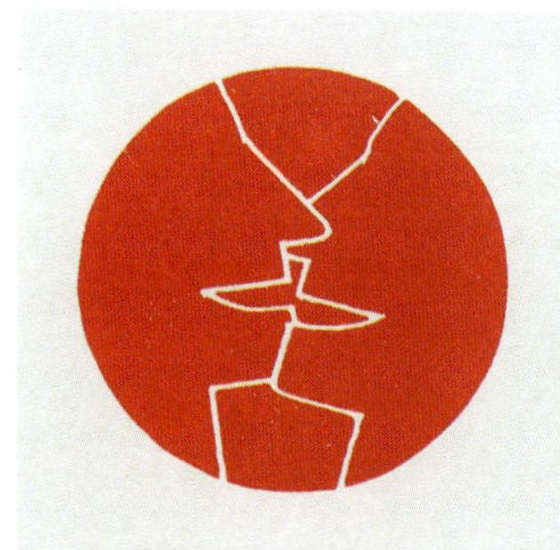

BIBLIOGRAPHIE / BIBLIOGRAPHY

HALL Carolyn :
Universe, Diverse, Is 3-Man-Show,
The Birmington Eccentric,
Birmingham, 31.05.1968

WAGSTAFF Sam :
Other Ideas, *Detroit Institute of Arts,* Detroit, 1969 (catalogue)

HAKANSON COLBY Joy (Hg.):
Youth and Grand-Dad, *The Detroit News,* Detroit, 9.12.1969

BLANCHARD Al :
The Art of Being a Critic, *Detroit Free Press,* Detroit, 09.1969

Russel :
Michigan Artists Show,
The Paper, 01.01.1971

HAKANSON COLBY Joy :
Two Detroit Artists Depart for Philadelphia Exhibit, *The Detroit News,* Detroit, 03.1971

Forward Look Via Sprays and Plastics, *The Sunday Bulletin,* Philadelphia, 04.04.1971

All Michigan. A First Biennial Exhibition of Painting and Sculpture, organized by the Flint Institute af Arts, Flint, 11.1971 - 01.1972

CANTOR George :
Cass Corridor, *Detroit Magazine,* Detroit, 23.01.1972

HAKANSON COLBY Joy :
Cass Corridor, *The Sunday News Magazine,* Detroit, 03.01.1972

TALL William :
Whats The New Sculptors are up to, *Detroit Free Press,* Detroit, 08.10.1972

HAKANSON COLBY Joy :
Ettl Show. A Remarkable Achievement, *The Sunday News Magazine,* Detroit, 15.10.1972

TALL William :
Into Fields Beyond Plastic City, *Detroit Free Press,* Detroit, 15.10.1972

Michigan Sculpture '77. An Exhibition of 3-Dimensional Visual Art., Macomb County Community College, 20.03 -17.04.1977

CLADDERS Johannes :
Georg Ettl, Städtisches Museum Mönchengladbach, Mönchengladbach, 1977

HAASE Amine :
Ein goldener Pudel und Nofrete, *Rheinische Post,* Düsseldorf, 01.1978

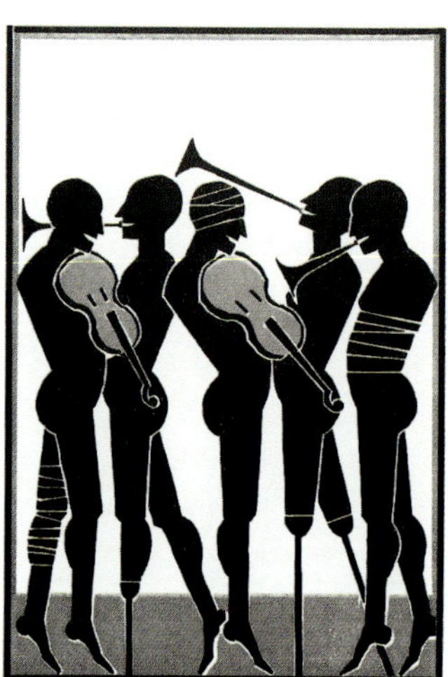

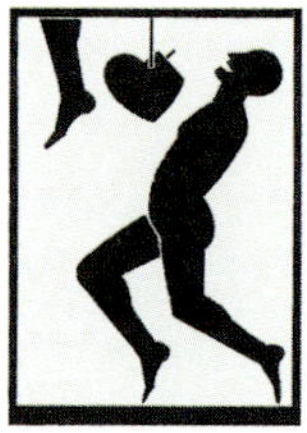

With a Certain Smile, Dokumentation 4, *Ink,* Zurich, 1979 (catalogue)

NAWROCKI Dennis Alan :
Art in Detroit Public Places, *Wayne State University Press,* Detroit, 1980 (catalogue)

BELLOLI Jay :
Kick Out the Jams. Detroit's Cass Corridor 1963-1977, Detroit Institute of Arts, Detroit, 1980

Instruction Drawings, Cranbrook Academy of Art Museum, 09-11.1981 (catalogue)

CLADDERS Johannes :
Georg Ettl, 2, Ausstellung der Jürgen-Ponto Stiftung, 1981 (catalogue)

ARMSTRONG Richard :
Report from Detroit: Was Cass Corridor a Style?, Art in America, 02.1981

MIRO Marsha :
Ettl'Severe Sculpture Gives way to Batiks, *Detroit Free Press,* Detroit, 14.11.1982

HAKANSON COLBY Joy :
Testing the Tightrope Between Craft and Art, *The Detroit News Magazine,* Detroit, 14.11.1982

HEYNEN JULIAN :
Georg Ettl: Hausordnung, Kaiser Wilhelm Museum, Krefeld, 1983 (catalogue)

DIMITRIJEVIC Nena :
Sculpture after Evolution, *Flash Art n°117,* 1984

SCHÄFER Ulrich :
In anderem Licht, *Rheinische Post,* Viersen, 24.08.1985

HEYNEN JULIAN/DIMITRIJEVIC Nena :
Mit dem Bild gegen das Bild in
Die Halle, Kulturamt der Stadt
Viersen, Viersen, 1985

DIMITRIJEVIC Nena :
Cumulus, *Parkett n°4,* Zurich, 1985

DIMITRIJEVIC Nena :
**Georg Ettl's Representational
Iconoclasm,** *Arte Factum,*
11.1985

KOHL Ines :
**Die Kunst ist der Schoßhund der
Herrschenden,** *Landshuter
Zeitung,* 14.1.1987

WILL Cornelia :
Georg Ettl, Museum Schloß
Herdenberg, Velbert, 1987

HEYNEN JULIAN :
*Nachmittag eines
Museumsgängers im Musée
d'Égalité von Georg Ettl,* in:
SALZMANN Siegfried (Hg.): **Mythos
Europa. Europa und der Stier im
Zeitalter der industriellen
Zivilisation.,** Kunsthalle Bremen,
Wissenschaftszentrum, Bonn, 1988
(Arbeitskreis selbständiger
Kulturinstitute e.V., Bonn)

Schlaf der Vernunft,
Museum Fridericianum, Kassel,
1988 (catalogue)

DRAFZ Helge :
Der Vorsprung des Langsamen,
*Juni, Magazine für Kultur und
Politik n°2,* 1988

SCHWARZE Dirk :
Die schlafende Moderne erweckt,
Süddeutsche Zeitung, 30.03.1988

WEHLTE-HOSCHELE Marina :
Die moderne träumt vor sich hin,
Frankfurter Allgemeine Zeitung,
13.04.1988

BLASE Christoph :
Schlaf und Stress der Vernunft,
Wolkenkratzer Art Journal n°3,
1988

**BiNationale: Deutsche Kunst der
späten 80ᵉʳ Jahre,** Cologne : DuMont,
1988 (catalogue)

MÜLLER Bertram :
**'BiNationale'. Nüchternes Bild der
Achtziger,** *Rheinische Post,*
23.09.1988

MÜLLER Bertram :
**Zum ersten Teil der deutsch-ame-
rikanischen Austellung
'BiNationale' in Düsseldorf. Ratlos
am Ende eines Jahrhunderts,**
Rheinische Post, 01.10.1988

GLOZER Laszlo :
Abgekühlte Leidenschaffen,
Süddeutsche Zeitung, 21.10.1988

BLASE Christoph :
Notizen, *Wolkenkratzer Art Journal
n°6,* 11-12.1988

RADAKOVIC Zarko :
**Reisen ohne Landschaft.
(Gespräch mit Georg Ettl) nacht-
café.** *Zeitschrift für Literatur.
Bild. Umgebung,* 30, 14. Jg.,
Herbst-Winter 1988/1989

LEIGH Christian :
**Art on the Verge of a Nervous
Breakdown,** *Contemporanea,
vol. II, n°1,* 1989

ICHIKAWA Masanori :
**Georg Ettl, Color and/or
Monochrome. A Perspective on
Contemporary Art,** National
Museum of Modern Art, Tokyo ;
Tokyo, 1989-1990 (catalogue)

DRAFZ Helge/TIEDEMANN Reinhard :
**Maßstäbe. Georg Ettl zum 50.
Geburtstab,** Krefeld, 1983 (catalogue)

DRAFZ Helge : "Der Vorstrung des
Langsamen"; CLADDERS Johannes :
"Schein und Sein"; SVESTKA Jiri :
"Georg Ettl : Der Minimalist als
Romantiker" in **Georg Ettl.
Arbeiten 1968-1989,** Kunstverein
für die Rheinlande und Westfalen,
Düsseldorf, 1990 (catalogue)

MEISTER Helga :
Bilder ohne Eigenschaften,
Wz/Düsseldorfer Nachrichten,
Düsseldorf, 30.01.1990

MEISTER Helga :
Fall für die Kunstgeschichte,
Düsseldorf Hekte, Düsseldorf, 1990

HERCHENRÖDER Christian :
Handelsblatt, 2./3.02.1990

FRIEDRICH Yvonne :
Echt Gold auf falschem Marmor
Rheinische Post, 06.02.1990

BLASE Christoph :
Gut zur falschen Zeit
KunstBulletin, 03.1990

RIVET Gabriele :
**Color and/or Monochrome. A
Perspective on Contemporary Art,**
National Museum of Modern Art,
Tokyo ; National Museum of
Modern Art, Kyoto ; 1989-1990,
KunstForum International Bd 106,
1990

POSCA Claudia :
Georg Ettl, *KunstForum
International Bd 107,* 1990

BRÜDERLIN Markus :
Georg Ettl, Kunstverein
Düsseldorf, *Artforum,* 09.1990

CLADDERS Johannes :
*Georg Ettl : Von der Minimal Art
zur Postmoderne* in BRÖG Hans/
RICHTER Hans-Günther (Hg.):
**Arbeitsbuch kunst Unterricht.
Spätmoderne und Postmoderne.
Tendenzen in Kunst und
Architektur,** *Sekundarstufe II,*
Düsseldorf, 1991

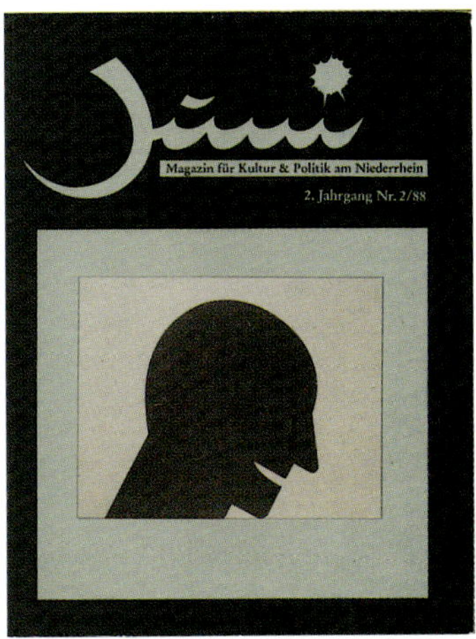

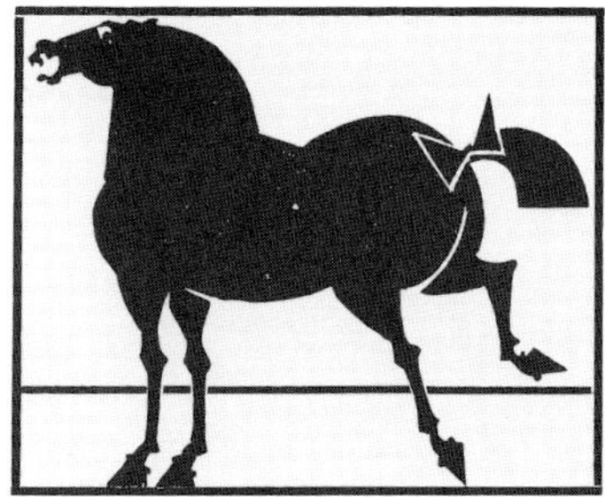

HEYNEN Julian :
Skulpturen für Krefeld II. Ein Projekt der Krefelder Kunst-museen, 09-10.1991 (catalogue)

THIEDE Veit-Mario :
Pommes und Pegasus. Ausstellung, Das goldene Zeitalter' in Stuttgart, *Rheinische Post,* 29.11.1991

JOCKS Heinz Norbert :
Skulpturen für Krefeld 2, *KunstForum International Bd 116,* 1991

OSTERWOLD Tilman (Hg.) :
Das Goldene Zeitalter. Württembergischer Kunstverein, Stuttgart, 11.1991-02.1992 (catalogue)

Schwerpunkt Skulptur. Hundertvierzig Werke von Achtzig Künstlern 1950-1990, Kaiser Wilhelm Museum Krefeld, Krefeld, 1992

Château d'Oiron. Neue Kunst auf alten Mauern, orte. Kunst für öffentliche Raüme, Heft 2, 1992

HAKANSON COLBY Joy (Hg.):
Michigan Galery Engineers a snazzy display of the latest German imports, *The Detroiter News,* 14.02.1992

KAIM-GRÜNEISEN Barbara :
Neue Pferdebilder für ein altes Schloß an der Loire. Französischer Auftrag für Georg Ettl: Gestaltung eines Säulengangs, *The Rheinische Post,* 25.04.1992

POSCA Claudia :
Georg Ettl. Monografie, *KunstForum International Bd 117,* 1992

Château d'Oiron. Henri II retrouve ses chevaux, *Le Courrier de l'Ouest,* 28.09.1992

MIRO Marsha : **German Art Moves Ahead,** *Detroit Free Press,* 29.11.1992

KLEMIC Mary : **German-Born Artist States his Case for Public Art,** *The Eccentric,* 10.12.1992

HAKANSON COLBY Joy :
Hats off to Georg Ettl, A Reigning King of Prints, *The Detroit News,* 18.12.1992 (catalogue)

Kopf-Ansichten. Malerei und Plastik der 80er Jahre. Pfalzgalerie Kaiserlautern 1992-1993, Städtisches Museum Heilbronn, 1993 (catalogue)

Ausstellungen bei Konrad Fischer, Düsseldorf, Oktober 1967-Oktober 1992, Edition Marzona, 1993 (Livre)

Buttons tegen neo-nazi's, *De Gelderlander,* 23.06.1993

MARTIN Jean-Hubert :
Curios & Mirabilia. Château d'Oiron, *Beaux-Arts,* numéro spécial *"Château d'Oiron",* 1993

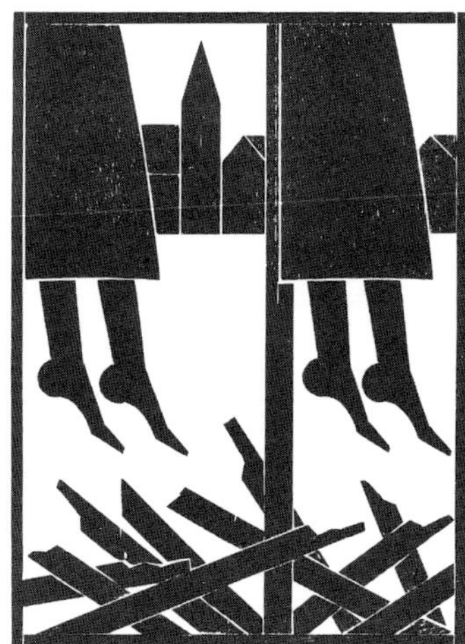

VAN DEN ABEELE Lieven :
Wonderkamers in Frans kasteel, *de Staandaard,* 24-25.07.1993

METKEN Günter :
Das Schloß als Wunderkammer. Von Künstlern aus dem Dornröschenschlaf erweckt: Tradition und moderne in Oiron bei Poitiers, *Süddeutsche Zeitung,* 07-08.08.1993

BREERETTE Geneviève :
Magie en la demeure. Curios & Mirabilia à Oiron, *Le Monde,* 25.08.1993

HANIMANN Joseph :
Das Weltbild der Wunderkammer. Eine originelle Sammlung zeitgenössischer Kunst auf dem Schloß von Oiron, *Frankfurter Allgemeine Zeitung,* 16.09.1993

MAUCH Thomas/ANTIFA Aparter :
Georg Ettl bekennerhaft in der Galerie Dacic, *Schwäbisches Tageblatt,* 21.09.1993

PUVOGEL Renate :
Château d'Oiron, Artis, *Zeitschrift für neue Kunst,* 10-11.1993

POSCA Claudia : **Château d'Oiron. Curios & Mirabilia,** *KunstForum International Bd 124,* 11-12.1993

Das Genre Tier. Zoologie oder: Mein kleiner Tierfreund. Ausst. BBK München und Oberbayern e.V./ Kunstkreis Tuttlingen e.V., 1994 (catalogue)

JAECKEL Claudia :
Expeditionen ins Tierreich. Im Grunde geht es doch wieder um den Menschen: eine Ausstellung in der Interimsgalerie, *Süddeutsche Zeitung,* 24.02.1994

JOCKS Heinz-Norbert :
Kein Respekt vor den Ikonen der Kunst, *Art. das kunstmagazin n°9,* 09.1994

JOUBERT Laurent :
Hic Terminus Haeret, éd. Yellow Now, 1995 (Livre)

KULSCHEWSKIJ Ralf :
Curios & Mirabilia. Eine – nicht nur sommerliche – Reise-Empfehlung, *KunstKöln 2,* 1995

Le Château d'Oiron, supplément à la *Lettre d'information n°393*, Ministère de la Culture, Paris, 29.06.1995

Kohl Ines/Ettl Hubert : **Der Maler und Bildhauer Georg Ettl, lichtung,** *Ostbayerisches magazine n°8*, 09-10.1995

Kleinod der Sakralkunst. Moderner Künstler gestaltet Pfarrkirche aus, *Kirchenzeitung Köln n°8*, 23.02.1996

Hahn Kerstin : **Das rote Rad für die Braunkohlenstadt. Georg Ettls Skulptur wurde zum Wahrzeichzn der Gartenstadt. Jetzt stellt er auf der Stadtparkinsel aus,** *Westdeutsche Zeitung,* 09.07.1996

Kaim-Grüneisen Barbara : **Babylon: Eine Künstlertapete von Georg Ettl. Der Untergang der Welt beginnt im Wohnzimmer,** *The Rheinische Post,* Mönchengladbach, 22.08.1992

Georg Ettl. 1er plan, *Le Courrier de l'Ouest,* 24.09.1996

Georg Ettl exposé à Oiron et à Angers, *Le Courrier de l'Ouest (Deux-Sèvres),* 24.09.1996

Une nouvelle "tapisserie" au Château d'Angers, *Le Grand Angers, Courrier de l'Ouest (Maine et Loire),* 05-06.10.1996

Angers. Nouvelle "tapisserie" au château, *Le Courrier de l'Ouest (Maine et Loire),* 08.10.1996

Betgé-Brezetz Charles : **Pont moderne sur deux sites historiques. Georg Ettl investit les châteaux d'Angers et d'Oiron,** *Ouest France (Maine et Loire),* 09-10.1996

Georg Ettl, *Vocable Allemand 10/23,* 10.1996

Georg Ettl, *Arts Info,* Centre National des Arts Plastiques, 10-11.1996

Dumont Jean-François : *La Saveur du Réel* in : **Georg Ettl. Art et Architecture. Entretiens.** Château d'Oiron/Script Editions, Bordeaux, 1997 (Extraits d'entretiens entre Georg Ettl et Jean-Claude Lasserre) (catalogue)

Dumont Jean-François : **Art et Architecture,** *Le Festin, revue d'art en Aquitaine n°21,* 02.1997

Richardt Dirk : **"Krähenfeld" am Karlsplatz,** *NRZ am Sonntag,* 28.12.1997

Posca Claudia : **Kunst in der Kirche** *The Rheinische Post,* Krefeld, 23.09.1997

Zink Markus : *Figur. Über Arbeiten von P. Reuter, G. Winner, H. Lutz, G. Baselitz, G. Ettl, J. Goertz und anderen,* in Zink Markus (Hg.) : **Kreuz und Quer. Gegen warts-kunst für Kirchen.** Institut für Kirchenbau und kirchliche Kunst der Gegenwart an der Philipps-Universität Marburg/Lahn, 1998 (Livre)

Kolvenbach Marilina : **Mit Hilfe moderner Kunst das Haus Gottes neu erschaffen** Neuß-Grevenbroicher Lokal-Zeitung, 11.02.1998

Arnaudet Didier : **Jean-François Dumont. Une galerie à Bordeaux, 1984-1998,** coll. Stèles, éd. Confluences, Bordeaux, 1999

À partir de là. Von da an. Johannes Cladders zum 75. Dokumentation seiner Ausstellungtätigkeit im Städtischen Museum Mönchengladbach von 1967-1978 im *BIS-Zentrum für offene Kulturarbeit,* Museum Mönchengladbach, 09-10.1999 (catalogue avec k7 audio)

Blume Eugen : **Kunst und urbane Strukturen - die Sammlung im Haus am Pariser Platz,** *Kunst am Pariser Platz.* Dresdner Bank, Berlin, 1999 (catalogue)

Fahr Oskar : **Georg Ettl gestaltete eine Kirche in Neuss aus. Religiöse Malerei ohne Exklusivität,** *Kult. Kultur am Niederrhein.,* 05.1999

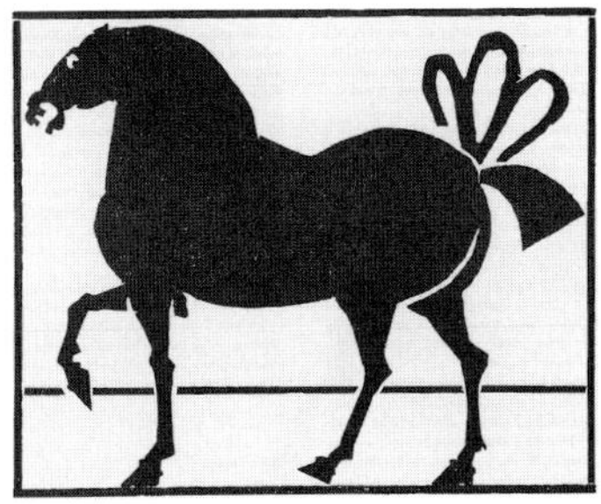

Wernig Carina : **Vom Paradies bis zur Apokalypse,** *Neuß-Grevenbroicher Lokal-Anzeiger,* 29.07.1999

Klose Antje : **Die Bibel in Bildern. Welt am Sonntag,** *Nordrhein-Westfalen n°32,* 08.09.1999

Meister Helga : **Heiliger Geist im Taubenschwarm,** *Westdeutsche Zeitung Neuss,* 06.08.1999

Kaim-Grüneisen Barbara : **Mit überschlagenen Beinen das Universum erschaffen,** *The Rheinische Post, Mittlerer Niederrhein,* 06.08.1999

Plankermann Natascha : **Eine Kirche wurde zum Kunstwerk,** *The Rheinische Post/Düsseldorf Stadtpost,* 07.08.1999

Kordik Anja : **Verkündigung und Alltagswelt in zarten Pastellfarben,** *Die Tagespost,* 12.08.1999

Kirche als Kunstwerk. Schwäbisches Tageblatt, *unabhängige Tageszeitung für den Landkreis Tübingen,* 14.08.1999

Fahr Oskar : **Geschlossenes konzept und offenes Haus. Georg Ettl malte eine Kiche in Neuss aus,** *Neues Rheinrland Jg.43, n°1,* 01.2000

Le-Neun Corinne : *Le Château d'Oiron*, in Arnault-Nautré Véronique (Hg.): **Les Peintures murales de Poitou-Charentes,** 1993

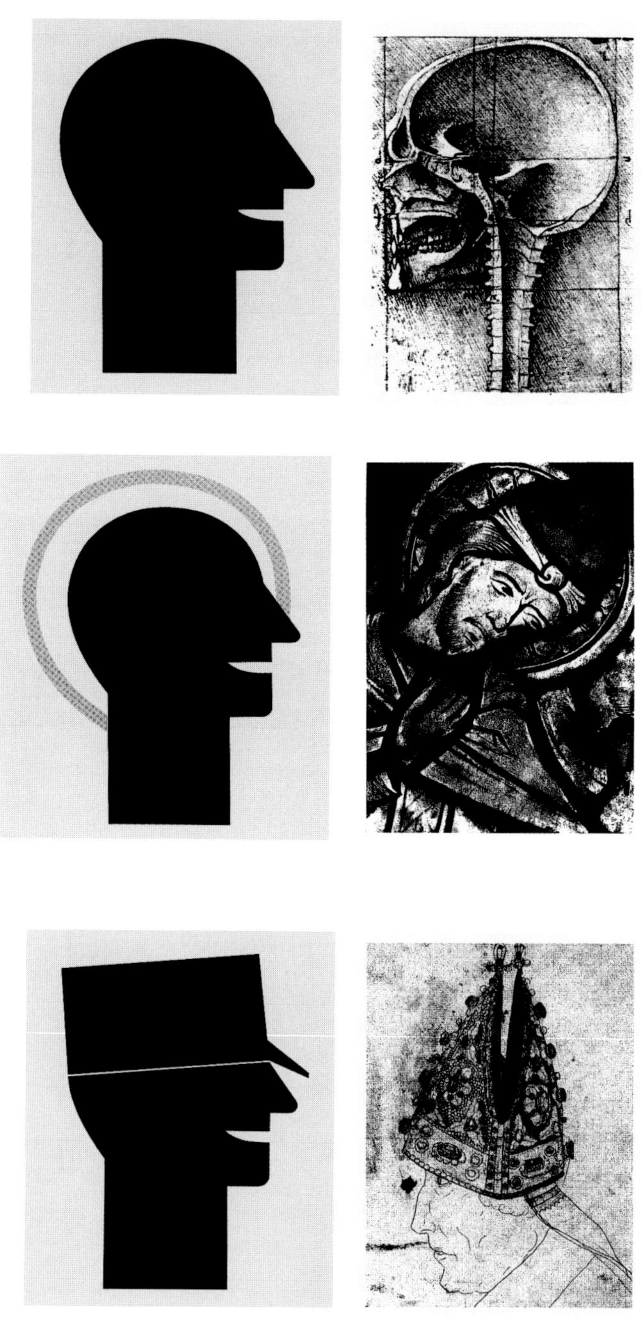

Ce catalogue est édité à l'occasion des expositions de **GEORG ETTL** :

Georg Ettl : Le Combat des rois,
Abbaye de Saint-Savin sur Gartempe,
mai à décembre 2000

Georg Ettl : Danses,
Chapelle Jeanne-d'Arc, Thouars,
8 juillet - 10 septembre 2000

Georg Ettl : L'Humain après Picasso,
Espace Visitation, Musée de Romans,
16 juin - 24 septembre 2000

Georg Ettl : L'Humain après Picasso,
FRAC Limousin, *Les Coopérateurs,* Limoges,
16 novembre 2000 - 04 février 2001

Directeur de la publication : Yannick Miloux
Introduction de Yannick Miloux.
Textes de Ramon Tio Bellido, Philippe Sers,
Philippe Piguet.
Notices de Françoise Chaloin.
Traductions de Jane McDonald et Jonathan Bass.
Conception graphique de Stéphane Tanguy.
Photogravure de Fotimprim.
Impressions du Sagittaire.
Crédits photographiques :
Frédéric Delpech : pages 1, 80, 82, 83, 95, 152.
Stefan Hadler : pages 4, 11(h), 12(h), 13(h), 24, 25, 27,
28, 29, 35, 36, 37, 38, 43, 44, 48, 62, 63, 64, 65, 66, 68,
69, 73, 74-75, 76, 77, 78, 79, 81, 85, 86, 87, 88, 89, 90, 91,
92, 93, 94, 97, 101, 102, 103, 116, 117, 136, 141, 142,
143, 144.
Ruth Kaiser : pages 6, 10(b), 11(b), 12(b), 13(b).
Willow Sklar : page 17.
Archives de l'artiste : pages 19, 20, 21, 22, 118, 130, 146,
147, 148, 149, 150.
Nic Tenwiggenhorn : pages 23, 39, 40, 41, 46, 47.
Volker Döhne : pages 31, 32, 33, 99.
Karl Hermann Möller : page 67.
Laurent Lecat : pages 45, 70, 71.
Christophe Villard : pages 104, 105.
André Morin : pages 107, 108, 109, 110, 111, 112, 113,
114, 115.

ISBN 2–908257–27–0
Tirage : 2000 exemplaires.
Achevé d'imprimer sur les presses des Impressions
du Sagittaire à Cesson-Sévigné en janvier 2001.

Le FRAC Limousin est subventionné par :
le Ministère de la Culture et de la Communication,
Direction Régionale des Affaires Culturelles du
Limousin ;
le Conseil Régional du Limousin.
Présidence : Jean Moyen
Direction : Yannick Miloux
Administration : Christine Sussingeas
Assistance/Service culturel : Isabelle Rocton
Communication : Catherine Gonzalez
Pédagogie : Anne Courgnaud
Régie : David Autier

Le Centre International d'Art Mural
est subventionné par :
le Ministère de la Culture et de la Communication,
Direction Régionale des Affaires Culturelles de
Poitou-Charentes ;
le Conseil Régional de Poitou-Charentes ;
le Conseil Général de la Vienne ;
la Mairie de Saint-Savin sur Gartempe.
Présidence : Jean-Georges Texier
Direction : Sylviane Van de Moortele

L'association Studio est subventionnée par :
le Ministère de la Culture et de la Communication,
Direction Régionale des Affaires Culturelles de
Poitou-Charentes,
la Ville de Thouars.
Direction : Bruno Breitwieser

Remerciements à Georg Ettl, Dianne Ettl,
Renata Ettl, Dr Johannes Cladders,
Jean-François Dumont, Bruno Borie, Don Nancy Eiler,
Christiane Laffont, Jean-Paul Foulhoux,
Françoise Olympant, Fabienne Dorey,
Marie-Claude Jeune.

ainsi que toutes les personnes qui ont, de quelque
façon que ce soit, contribué à la réalisation de ces
expositions et de cette publication.

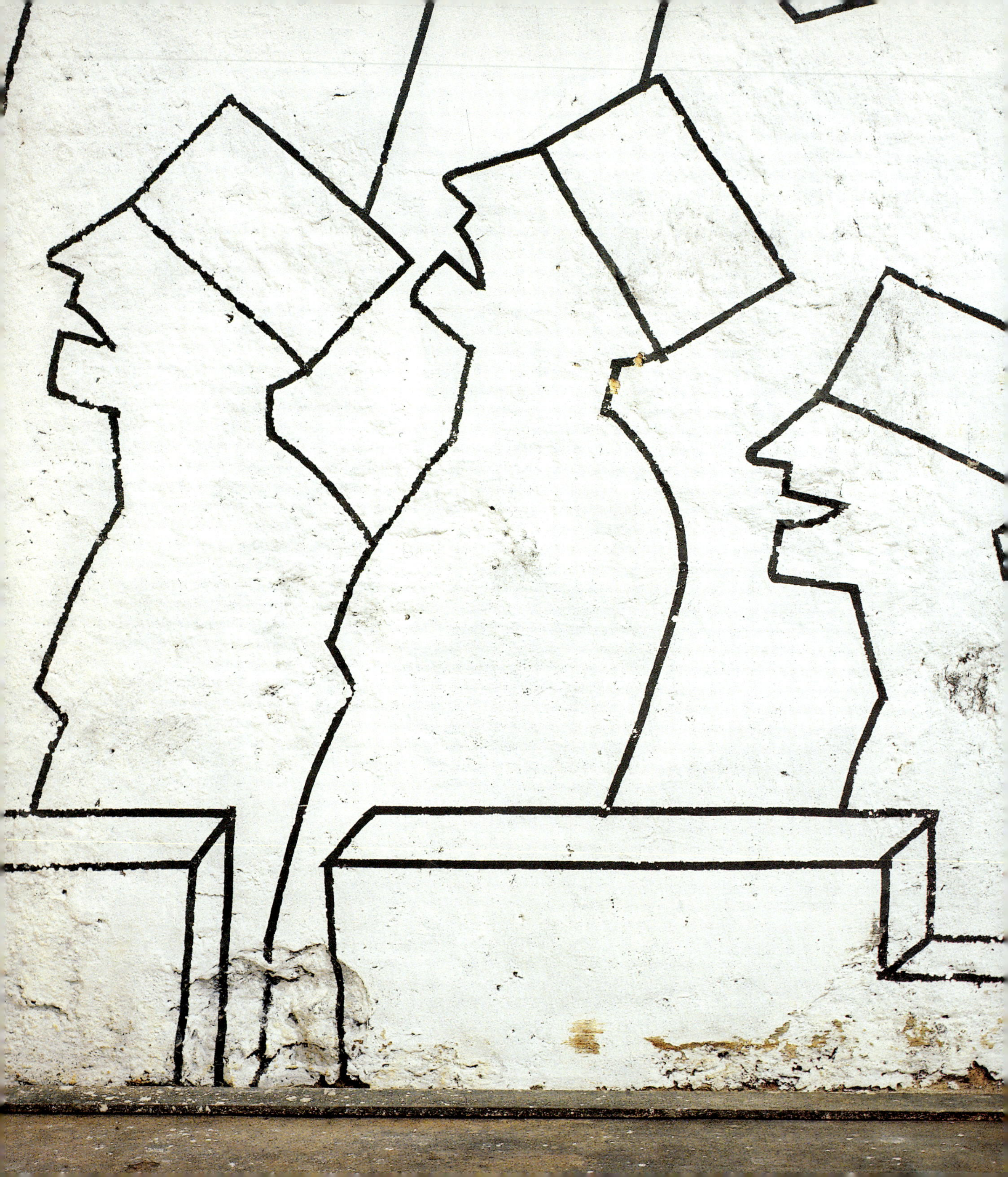